LE LIBRAIRE
AV LECTEVR.

Cette piece de mort, que tu iugeras digne de vie, est tombee en mes mains, par vne rencontre aussi heureuse, qu'inopinee. La Letre suiuante te fera voir que l'inhumanité, pour ne dire l'impieté, de son Pere, la destinoit à vne autre lu-

histoire mazquant dig...
sotes Lieux principaux de
la seconde partie dont le narré
tire presque necessairement
sa force des ieux.

Ce theophile qui a si bonne
part à cette histoire n'est autre
que mons.r de sallu Evesque
de Cenedes qui estoit disciple
de Apronius et de Dario

Sofronie c'est mad. de Chantal
Dario c'est sa fille

LA MEMOIRE DE DARIE.

OV SE VOIT L'IDEE D'VNE DEVOTIEVSE VIE, & d'vne religieuse mort.

Par Monseigneur l'Euesque de Belley.

A PARIS,
Chez CLAVDE CHAPPELET, ruë
S. Iacques, à la Licorne.

M. DC. XX.
Auec Priuilege du Roy.

miere, que celle que ie luy donne. Si tu es capable de pitié, tu la conceuras pour vne si cruelle condemnation; & tu sçauras bon gré à ma pieté, d'auoir par ma publication reuoqué vn arrest si barbare. Si i'ay retiré cet ouurage de la poussiere de l'oubly, tu m'en auras l'obligation toute entiere. Tu trouueras dans ces cendres des estincelles capables d'allumer en ton cœur les flammes de plusieurs sainctes & saines affections. De quel courage cet Autheur impitoyable pouuoit-il estouffer un part si innocent? Tant d'ineptes escrits seront au Soleil, & les vtiles croupirout à l'ombre? Mais ie te prie, Lecteur, Darie ne fust-elle pas morte deux fois, si cette Histoire eust esté desrobee à la cognoissance de la posterité? n'eust-ce pas esté outrageusement enseuelir tant de Vertus, dignes d'estre & admirees & imitees, soubs le tombeau du silence, & retenir la Verité prisonniere de l'injustice? C'est bien assez, qu'elle soit morte vne fois icy bas pour escrire son Nom là haut au liure de Vie; sans empescher qu'elle reuienne du Ciel en terre grauer son renom en la souuenance des hommes. Pourquoy ce discours l'eust-il faict reuiure pour la faire remourir? Cet Autheur vouloit-il imiter le Lezard, qui efface auec sa queuë les traces que ses pieds impriment sur le grauier? Et ne pense pas, Lecteur, que ie te dise tout cecy pour te hausser le prix de ma marchandise, l'estoffe parle de soy, sans emprunter la langue du marchand, sans mandier la loüange d'vn Libraire. J'ay eu plus de desseing de t'enrichir, que de l'encherir: mon interest marche bien loing au dessoubs de ton seruice. Ly seulement, & ie te prens pour juge. Et ie m'asseure que tu seras contraint de cõfesser, qu'entre tant d'ouurages qui sont partis de la main de cet Autheur, cettuy-cy, quoy que negligemment tracé, merite d'estre diligemment recueilly. Les productiõs de l'esprit écloses auec plus de contention & d'estude ne sont pas tousjours les meilleures. Le rencontre arriue quelquesfois où l'art ne peut joindre, tesmoin l'escume de ce Peintre. La vigne est, & vtile en ses raisins, & agreable en ses pampres. Lecteur, tien pour certain que tu auras icy, & du plaisir, & du profit, beaucoup de fruicts estans cachez soubs les belles fueilles de cette Histoire. Adieu.

MADAME,

Ie pensois des pésees de paix, pour temperer l'affliction qui preſſoit voſtre cœur en la perte de voſtre chere Darie, & comme ie minutois de coucher ſur le papier des raiſons qui en peuſſent adoucir l'amertume, ma plume prenant le vol dans le large d'vn plus ample deſſeing, fit faire vn eſsor à mon esprit dans les particularitez de sa fin admirable, qui m'auoient esté exactement racontees par le grand Theophile qui luy ferma l'vn des yeux, à mesme qu'elle remettoit son ame bien heureuse entre les mains de Dieu. Ie me laissay si doucement aller à cette amiable & facile description, que la lettre que ie projettois deuint vn cahier, & ce cahier, comme vn chaisnon frotté d'aymant, en attira plusieurs autres à sa suitte, si que ces ca-

EPISTRE.

hiers formerent insensiblement un liure, & ce liure fit, à mõ aduis, la juste partie d'vne histoire entiere. La chaleur d'escrire creut auec l'agitation, & me voyant quelque peu de loisir durãt cette derniere Canicule, dont les ardeurs me conuierent de prendre l'air en cette belle maison de .... Ie charmay les chaleurs de quelques apresdisnees par ce diuertissement d'esprit, où ie prenois vne consolation particuliere, relisant ce que i'auois

EPISTRE.

tracé de la mort de Darie, (car i'ay faict le second liure de cette Histoire le premier) I'eus de si tendres sentimens sur cet escrit, que ie m'estonnay de ce que les larmes n'auoiët point coulé de mes yeux, tandis que ma plume distiloit nonchalamment ces lignes, car elles roulerent si abondamment en reuoyant cet ouurage, qu'elles penserent effacer par leur aspreté naturelle les marques de ma main, et me faire en cela semblable à ces Lions de Libie, qui pour

EPISTRE

rendre leurs repaires incognus, remplissent auec leurs queuës les vestiges que leurs ongles grauent dessus le sable: ou à cette femme des Poëtes, qui desfaisoit la nuict cette toile qu'elle tissoit le iour. En escriuant cet ouurage il estoit l'enfant de ma joye (car i'y auois vne agreable, & ce me sembloit vne delicieuse occupation,) escrit, il deuint l'enfant de ma douleur. I'ay quelquesfois repensé d'où venoit ceste suspension de pleurs en le traçant, d'où ce

EPISTRE.

descoulement en le lisant: & i'ay creu que l'attention de l'Escriture arrestoit ce cours mis en sa liberté par l'aysance de la lecture: En l'vn ie me suis trouué insensible, en l'autre ie me suis estimé insensé. Car il faut que ie le vous confesse, ie ploray si abondammēt, que ie me trouuay sinon noyé, au moins tout baigné de mes larmes, larmes meslees de douceur & de douleur, car si leur cause estoit amere en la perte de tant de vertus, l'effect en estoit doux, en la consideration d'une si saincte mort, mort desagreable, comme mort tres-aymable, comme sain-Ete. Si nous la regardons comme mort, nous aurons du desplaisir, si comme une heureuse mort, nous aurons de la joye. Car ie vous prie, qui ne voudroit mourir ainsi, & de la mort des justes, mort si precieuse deuant la face du Tres-haut, mort qui met leur memoire en une benediction eternelle, memoire qui passe en suauité les plus odorants parfums. Or comme l'esprit se remplit en se dilatant, & se dilate en se remplissant d'vne dilatation qui est tousiours au delà de ce qui le semble combler, son appetit croissant à mesure qu'il se rassasie: la beauté de cette religieuse mort me dōna le courage de remonter à sa deuotieuse vie, si excellente en sa briefueté, qu'elle faict honte à plusieurs qui recognoissent en la longueur, ou plustost en la langueur de leur tepidité, les aduantages de sa prompte feruour, & qui apprennent delà que les ieunes Ians courent plus viste en la lice de la pieté, & paruiennent plustost au but de la perfection, que les vieux Pierres. C'est ce qui m'a faict employer ce peu de temps que i'auois encores de relais à dépeindre sa naissance, qu'elle a tiree de personnes toutes sainctes, son Mariage auec vn personnage fort accomply, & le reste du courant de ses iours. Cette agreable varieté a endormy en mon ame ce regret de sa priuation, qui m'estoit commun auec tous ceux de nostre voisinage. Car bien que ie ne l'eusse, que ie sçache iamais veuë qu'vne fois, & encores comme l'on voit le Soleil au trauers d'vn nuage long temps auant sa mort, & aux parloirs de ce Monastere où elle est trespassee, sans qu'il soit resté en mon esprit aucune idee de sa forme; si est-ce que la viue image de sa vertu qui ne mourra iamais, & qui merite d'estre aymee & admiree par ceux qui sont dignes

EPISTRE.

d'aymer le bien, & capables d'admirer la perfection, me la rend assez recommandable, pour essayer de luy redonner vne semblance de vie par les caracteres de ce discours : ou si ie n'ay d'assez viues couleurs pour representer l'esclat de son lustre, ma deuotion excusera ma temerité, & fera dire qu'aux grandes entreprises, c'est bien assez d'auoir osté les deffauts estans cachez, soubs la generosité du courage qui a eu la hardiesse de tenter. Le recit de cette deuotieuse vie, & de cette religieuse mort, me semble porter en soy comme la Cãtharide le remede du mal qu'elle cause par le regret de la perte d'vne personne si digne de viure: & c'est-ce qui m'a conuié de vous l'enuoyer, Madame, pour tascher, sinon d'esteindre, au moins d'endormir les ennuis qui vous ont accueillie en la priuation d'vne creature qui vous fut autant aymee que ses vertus la rendoient aymable. Quand vous verrez reuiure en cet

EPISTRE.

escrit celle que vous souspi-
rez morte, n'aurez-vous
pas plus de sujet de vous
consoler, que de vous plaindre? que si cette lecture irri-
te dauantage vos pleurs,
comme elle a attiré les miẽs,
souuenez-vous que cette
humeur, qui est le sang des
playes interieures, estãt bien
escoulée elle s'estanchera, &
vostre cœur en demeurera
tout à faict soulagé. Vous
ne laisserez pas de trouuer
beaucoup de raisons inse-
rees en cette Histoire, capables de destremper l'aigreur

de vostre déplaisir, si, ne vous rendant point ingenieuse en vostre mal, vous auez tant soit peu de condescendance aux remedes qui le peuuent abattre. Au demeurant, Madame, ie vous enuoye vn original, dont ie n'ay point de copie; si l'ayant leu, vous le iugez digne d'estre transcript, encores que ie ne l'estime pas necessaire, ie permets, ou i'endure, ce qu'aussi bien ie ne sçaurois empescher, mais à condition que cette piece ne sorte point de vostre Cabinet, au plus de vostre chambre, sur tout de vostre maison: que mon nom soit teu, car comme ie ne recherche aucune loüange de cet ouurage, sçachant bien, que ny cestuy-cy, ny aucun autre qui puisse partir de main en peut estre capable, aussi ne veux-ie point cautionner les defectuositez de ce que i'ay tracé negligemment sans contention d'esprit, & par forme d'essay & d'entretien, en des heures, ou perduës, ou desrobees. Quãd vous me renuoyerez cet original, i'aduiseray à son retour auquel des deux Elemens ie le consacreray, ou à la lumiere du premier & plus actif qui aura effacé en vn clin d'œil tant de traicts d'vne plume esforee et oisiue, ou aux tenebres du dernier, l'enseuelissant dans la poußiere de l'oubly. Et que sçais-ie si quelquesfois (comme les peres sont tousiours amoureux de leurs enfans, pour contrefaits qu'ils puissent estre) ie ne prendray point le desir de reuoir ces lignes, pour apprendre

prendre à bien mourir sur l'image d'une si belle fin, ou à bien viure sur l'idee d'vne si saincte vie. Ou bien que sçay-ie si ceux qui ont vn si grand interest en la vie & en la mort de cette vertueuse Dame ne seroient point bien aises de considerer en ce crayon des traicts que le temps pourroit effacer auec son esponge insensible des tablettes de leur memoire: nous verrons, & c'est ce qui m'a faict donner pour inscription à ce discours, La Memoire de Darie, à l'imitation du grand sainct Hierosme qui met à la vie de sa deuote Paula le tiltre d'Epitaphe. J'y parle par des circōlocutions qui sembleroient à l'abord enigmatiques, mais à vostre esprit c'est de la neige deuant le Soleil : ie l'ay faict ainsi, parce qu'il me semble que cela réueille l'entendement, picque la memoire, & y laisse des impressions d'autant plus viues que les choses sont plus subtilement representees. Vous qui cognoissez les lieux & les personnes dont cette narration parle, & tant de diuerses circonstances qui la rendent agreable, n'y trouuerez aucune difficulté; au contraire, ie croy que vous jugerez cette forme aussi gratieuse que le sujet vous est recommandable. Si vous lisez ce tissu auec attention, dans la suitte d'vne histoire, vous descouurirez vne grãde multitude d'enseignemens, que vous rencontreriez malaisément en plusieurs liures de deuotion, & d'autant plus efficaces qu'ils sont glissez & comme incorporez insensiblement dans la force de l'exemple: c'est à quoy i'ay visé. Si vous y recueillez autant de consolation que i'en ay moissonné, i'auray atteint le but que ie pretens par cet enuoy, & n'accuseray point tout à faict d'inutilité le loisir qui a faict tomber cette piece de ma plume.

LA MEMOIRE DE DARIE.

LIVRE PREMIER.

ENTRE les Prouinces de ceste florissante Monarchie des Lys, il y en a vne, si fauorablemét partagee de la nature, que ne cedant à nulle autre en l'excellence de la beauté & de la bonté, elle en surpasse plusieurs en l'auátage de l'abon-

B iij

dance. Le Soleil regarde ceste terre d'vn œil si doux, & y marie si amiablement la chaleur de ses rays, auec la fraischeur agreable des humiditez dont elle est arrosee, qu'il en tire non seulement auec affluence, mais auec vne exquise singularité, les biens necessaires à la vie de l'homme. La temperature de l'air y est fort salutaire, ny les ardantes chaleurs y sont importunes, ny les glaces de l'hyuer, violentes en leur rigueur, & ennuyeuses en leur duree. Les saisons y sont amenes, la face de la terre gratieuse, ny trop releuee en montaignes, ny trop profonde en vallees, ny trop estenduë en plaines. Les villes belles, la campaigne peuplee, les mœurs des habitans douces & traittables. Mais côme les prerogatiues de la grace surpassent de bien loin celles de la nature, ceste contree est beaucoup plus heureuse, d'auoir la premiere de toutes les Gaules receu la lumiere de l'Euangile, embrassé la foy Chrestienne, & suiui l'estendard de la Croix. De là vient le surnó de Salez dont les peuples qui l'habitent se glorifient, pour auoir esté les premiers baptisez, & gousté en ces eaux amerement douces le sel de la vraye Sagesse, qui est celle du Crucifié, tenuë par les Idolatres pour vne folie. Leurs anciés Roys ont laissé dans les Histoires des tesmoignages eternels de leur valeur & de leur pieté, ayans souuent rougy leurs plaines & enflé leurs riuieres du sang des Infideles, dont ils estoient la terreur & l'effroy. Et si la boüillante generosité de leurs derniers Ducs eust eu autant de duree que d'ardeur, leur Empire n'eust eu pour bornes que la circonference des Cieux & les extremitez de la Terre.

Mais Dieu qui bride les tumeurs de l'Occean auec vn peu de sable, arresta l'impetuosité du courage de ces torrens qui alloient prendre le large au rauage de tout le monde, & leur fit trouuer le tombeau de leurs desseins dans le berceau de leurs pretensions: Feu de paille, luisant, mais aussi tost assoupy. Si est-ce que leur hardiesse a laissé à leur terre le tiltre perpetuel de la premiere pierrerie, prairie, ou Pairie du Royaume des Fleurs: & de leurs cendres sont nees des Aigles Imperiales, qui ont remué toute la Chrestienté, passé les Mers de Leuant, saccagé Thunis & Alger, & faict trembler les Othomans dedans Constantinople. C'est de ce territoire que tire son origine cet ordre fameux de la Toison d'or qui a porté ses Argonautes à la conqueste des Indes. C'est de là que prénent leur source ces deux belles & fameuses riuieres, la Saone & la Seine, lesquelles, comme pour descharger cette plantureuse terre de ce qu'elle a de surabódant, vont roulant sur leur dos des fardeaux extremes, pour les cómuniquer aux contrees voisines, & les enrichir de ce que

DE DARIE.

elle a de trop: celle-là par de belles plaines, & vne pente molle porte ses eaux en commun auec le redoutable Rosne, pour tribut à la mer du Midy; celle-cy en trauersant la premiere ville du monde, roule ses ondes hommageres dãs le vaste sein de l'Occean. Cette prouince heureusement sousmise au Sceptre du grand Monarque des Francs, est par son authorité conseruee soubs la Belle-garde, & le Gouuernement d'vn Hypparque, aussi grand de vertus que de nom, & dont la singuliere prudéce iointe à l'extreme valeur, a sceu si bien

B vj

mesnager les volontez de ceux qui viuent soubs sa sage conduitte, que comme il est dedans le cœur de son Roy, il est Roy dedans ces cœurs; & comme il n'a que le seruice de son Roy dedans le cœur, il ne regne dedans ces cœurs que pour y establir plus puissamment le seruice de son Roy. Aussi ne peut-on nier, sans vne extreme mescognoissance, que l'image du siecle d'or n'aye refloty en cette contree depuis qu'elle est tombee au maniment d'vne si douce main, chacun y ayant reposé en paix soubs son figuier, & soubs son ormeau, tandis que ces derniers mouuemens, qui non seulement troubloient, mais rauageoient les autres prouinces, menaçoient la France d'vne recheute pire que cette extreme maladie d'où l'auoit releuee la main valeureuse du grand Henry. Ie me suis volontiers donné le large dés l'entree sur cette terre de benediction, pour estre ma seconde patrie, où le sort de ce mortel pelerinage a voulu que mon bourdó fust planté, mon pauillon tendu, & scitué le lieu de mon ordinaire residéce: car bien que ie doiue ma naissance au doux air

de cette superbe Cité, l'orgueil du monde, & la gloire, non seulement de la France, mais de toute la terre, Cité sans premiere qui la deuance, sans seconde qui la suiue, & qui tire son nom de ce fameux Pasteur, qui nay d'vne race Royale, fut l'arbitre de la pomme d'or, & le funeste flambeau de son parentage: Si est-ce qu'estant transplanté dans ce territoire que ie descris, & que i'honore, ie deuois, ce me semble, ce témoignage de gratitude à l'honneur, & à la nourriture que ie tire de son sein bien-aymé.
Or ce fut en la part de cet-

te prouince si renommee par les Commentaires du grand Cesar, sous le nõ des Eduenses, peuple guerrier & magnanime, que viuoit vn braue Gentil-homme appellé Achante (sans varier qu'vne lettre en son nom) ayant en soy plusieurs belles parties assemblees, qui se trouuét, separees, rarement en d'autres; la noblesse, la richesse, la beauté, la bonne grace, l'agilité, la santé, l'auoient partagé liberalement : mais ces biens, que l'inconstante & aueugle fortune distribue ordinairemét à ceux qui ont moins de merite, estoiét peu de chose au prix des vrays ornements dont l'ame de ce Cheualier estoit enrichie. Car la Prudence, la Sagesse, la Conduitte, le Iugement, accompagnoient de modestie & de retenuë, tant de valeur qui boüilloit en son courage, que ces extremitez également balacees faisoient voir en luy cette mediocrité que l'on appelle dorée, c'est à dire accomplie, & où consiste le poinct de la perfection. S'il estoit noble, il n'estoit pas hautain; s'il estoit riche, il n'estoit pas arrogant; s'il estoit de bonne grace, il n'estoit pas remply de vanité; s'il estoit valeureux, il n'estoit pas insolent; la beauté de son esprit ne l'enfloit point de presomption, il estoit doux auec les paisibles, genereux parmy les superbes, discret parmy les volages, modeste parmy les inconstans, accort à la Cour, códescendant auec ses amys, courtois à ses voisins, content en sa maison, aimant la solide vertu, esleué en la vraye pieté, non seulement affectionné à sa Religion, mais zelé en la deuotion. Qui ne diroit que la fortune & la vertu qu'vn diuorce ordinaire separe d'vn mesme sujet, se fussent accordées en cettuy-cy pour le rendre aussi plein de bon-heur que de merite?

Mais entre les felicitez de sa vie, qui n'estoient pas petites, (comme l'on peut juger par la possession de tant d'auantages qui le releuoient autant sur plusieurs, comme l'humilité l'esgaloit aux moindres:) Certes, il faut aduoüer qu'il n'en eut point d'esgale à celle de son mariage, qui luy acquit en la fleur de ses plus beaux iours, les iours de la plus belle fleur qui fust dans le parterre de son voisinage. En la ville où se tient le Senat de l'Areopage de cette côtree vn de ceux qui president à ce sage Conseil, qui manie la balance de l'equité & de l'egalité pour tout le monde, personnage des plus clairs esprits, des plus solides jugemens de son siecle, & par les conseils duquel le grand Henry auoit rangé sous la douceur de son obeissance ce peuple courageux, qu'vne miserable reuolte en auoit separee, le pere d'vn fils qui suiuant les traces de son merite a esté esleué pour ses vertus à la dignité d'vn Patriarchat, estoit aussi le pere d'vne fille que nous appellerons Softonie, sans alterer que bié peu de lettres de son nom : fille à qui les graces auoient seruy de Marraines, & dont la beauté de l'exterieur marquoit en lettres d'or sur le front la bonté de l'interieur. L'Occeá a moins de flots qu'elle n'auoit de perfectiós, & le Ciel a moins de feux qu'elle n'excitoit de flammes. Ie ne sçay ce que c'est que la beauté, & m'entens encores moins à la dépeindre, n'estant pas permis de la dire à celuy à qui il n'est pas permis de la regarder, joint que celle-cy ne m'est que relatiue, & par rapport, le temps & les mortificatiós l'ayant heureusement effacee. Mais combien est excellente la vertu qui reside en vn beau corps, iugez le par vn diamant bien enchassé, par vne beauté naturelle ornee d'vn long art, & chargee des plus precieuses pierreries que l'Orient produise : Elle estoit ieune, & neantmoins prudente, quelle association agreable, & sans vanité, sage deuant le terme de l'experience : si le feu estoit en ses yeux, c'estoit vn feu innocét corrigé par la glace de son front. La grace estoit respanduë en ses leures, la pudeur de son cœur rejallissoit sur son visage, & la modestie estenduë sur ses habits se monstroit encores en ses actiós & en ses paroles. Voila l'object des plus douces pensees de mille poursuiuás: ils aspiroient à l'enuy à cette conqueste; mais comme les filles bien nees peuuent plaire à tous, mais n'en auoir qu'vn, le Ciel où les mariages se font, à ce qu'on dit en theorie, & en terre en pratique, reserua le thresor de tát de vertus feminines aux masles perfections de nostre Achante: le choix en fut aisé, car il auoit en gros ce que tous ses cópetiteurs ne possedoient qu'en detail, effaçant commé vn grand astre la lueur de ces moindres estoiles; tout ainsi que la sage Sofronie deuançoit ses compagnes autant qu'vn croissant qui parfait sa rondeur surpasse les flambeaux de la nuict. Chacun benit ce Mariage, & l'enuie mesme mourant dans la vertu, comme l'escarbot dans la rose, sema de la ioye sur des fronts dont les cœurs estoient trahis par les paroles: mais les nuages se dissiperent, & les tempestes se calmerent, quand ces astres parurét iumeaux; chacun estimant à plus de folie de contester vn tel prix auec Achante, qu'il n'y auoit de honte à luy ceder, car estre deuancé de luy estoit vne espece d'auantage, & l'estre vaincu vne sorte de victoire. La main d'Alexandre donnoit-elle pas de la gloire à ceux qu'elle terrassoit.

Achante ayant mis sa chere Sofronie en la possession de sa maison, comme de son corps, & plus encores de son cœur; c'estoit auec elle qu'il menoit la plus heureuse & contente vie qui puisse tomber en l'imagination de ceux ausquels il est permis de s'entretenir de telles pensees. Le prin-

printemps est moins fertile en fleurs que leurs ames en sinceres affections, affections qui nourries de l'honneur & de la vertu, ont vn aliment tout autre que celuy des sentimens terrestres. Le mariage est vn Sacrement, & grand Sacrement, dont le nœud principal & indissoluble consiste au consentement des volontez, en l'attachement des cœurs, & dont l'vnion des corps n'est qu'vn simple accessoire : ceux qui de ce dernier en font le capital, ne sçauent ny la nature de ceste sainte liaison, ny le secret du vray amour. Le vray amour, si i'entends quelque chose en ce mystere, tient son trosne en la volonté; & comme celle-cy est toute spirituelle, l'amour aussi pour estre pur doit estre spirituel: c'est vne flamme d'autant plus viue & plus claire, & par consequent d'autant plus parfaitte, qu'elle est moins attachee à la matiere: Ce n'est pas pour estre cuisante, mais pour estre luisante qu'elle est estimee. Vne chandelle est plus illustre qu'vn fer embrasé; cestuy-cy a plus de chaleur, mais celle-là plus de lumiere. Que ceux-là ont le iugemét tenebreux

& l'esprit vil qui attachent le nom d'amour à vn plaisir qui merite aussi peu ce glorieux tiltre, que les animaux celuy de raisonnables. L'amour est l'ame de l'vniuers, c'est l'ame de l'ame, comme l'ame est l'ame du corps, c'est la plus genereuse production de nostre esprit, qui ne peut estre autre que spirituelle. Si les enfans tiennent de la nature de leur pere, & si les effects sont conformes à leurs causes: les sensualitez sont des surcroissances & superfluitez de l'amour, la zizanie qui souuét estouffe ce bon grain: n'est-ce pas auilir & raualer sa dignité que de l'estimer par ce qui est commun auec les brutes, nó par ce qui l'associe auec les Anges, & qui le joint auec Dieu mesme? Hé! que les delices des sens sont peu de chose à vn gentil courage, & qui sçait que leur vsage est vne eau qui esteint, & vne terre qui estouffe la flamme du vray Amour. C'est vn sacré lien que celuy du Mariage, & qui doit estre traitté auec beaucoup de respect & d'honneur; & bien qu'il n'excluë pas les familiaritez legitimes, si est-ce que son alimét est en la reuerence. C'est pour cela que les

Perses n'appelloient iamais leurs femmes en leurs festins, de peur de commettre deuát elles quelque insolence. Cette consideration respectueuse conserua le ieune Tobie des outrages de ce furieux demó qui auoit estouffé les sept premiers maris de son espouse. O Dieu! combien cette association doit-elle estre traittee auec plus de modestie parmy les Chrestiens, où elle tient le rang de Sacrement, & de Sacrement honorable de couche immaculee. Les anciens Hebrieux estoient si chastes, que comme les meres perles qui sont dans le creux de l'Occean ne reçoiuent iamais vne goutte de ces ondes ameres, ne s'ouurát qu'aux rosees des cieux: ainsi ils n'admettoient aucun illegitime commerce de leurs corps, que dans les termes d'vn sainct Mariage, dót la pureté peut reparer le deschet de la sensualité. C'est ce qui fait que Philon Iuif paraphrasant l'histoire du pudique Ioseph rejettát sa deshonneste maistresse, l'introduit parlát de la sorte, Pourquoy m'importunez-vous d'vn acte si deshonorable? ne sçauez-vous pas que ie suis Iuif, & que nos loix punissent de mort, non seulement les adulteres, mais encores les fornicateurs? Nous ignorós tout vsage de nos corps, iusques à ce qu'vn legitime Mariage nous assemble; vierges, nous épousons des vierges, non pour contenter nos plaisirs, mais pour produire vne lignee qui louë le Dieu d'Israël.

Le sainct Mariage de nos Amans nous a faict faire cette digression pour admirer en eux vne modestie incomparable en vn vsage si voisin de l'abus: aussi leurs affectiós toutes releuees & glorieuses, n'estoient pas de celles qui se peuſſent eſteindre, ny r'allentir par la liberté: mais plus ils poſſedoient ce qu'ils deſiroient, plus ils deſiroient de le poſſeder: pareils à ceux qui ont l'herbe Scytique en la bouche dont l'appetit eſt raſſaſié, & le raſſaſiement accompagné d'appetit. Achante qui auparauāt ne pouuoit trouuer de repos que dans le tracas de la Cour, celuy dont l'ame genereuſe & guerriere ne reſſentoit point d'autre mouuemét que celuy qu'vn deſir d'honneur & de gloire donnoit continuellement à ſon cœur, & qui ennuyé du repos de ſa maiſon appelloit cette demeure vne vie casaniere, ne trouue plus rien de si agreable que la solitude champestre en la conuersation de Sofronie: la Cour luy est vn desert réply de bestes farouches, & dont les astres qui auparauant l'esclairoient luy semblent des tenebres espesses: & Sofronie ne regrette point les compagnies de la ville, ny l'entretien de ses parens, puisque le Ciel qui a tousiours esté la reigle de ses desirs luy a donné Achante pour seul object de ses yeux, & de ses pensees; sa seule presence luy est vn monde, & le monde où il n'est pas luy est vne affreufe folitude. Ce Mariage qui fe pouuoit dire fans efpines fut beny de Dieu d'vne heureufe lignee, conforme aux benedictions que Dieu promet en l'Efcriture aux gens de bien, & qui le feruét en amour & en crainte: Quelques filles en nafquirent, l'aifnee defquelles fut cefte Darie (en ne changeant qu'vne lettre de fon nom,) la vie & la mort de laquelle nous defirons de raconter, comme le parfaict modele d'vne courfe tres-heureufe & tres-defirable. Nos mariez efleuoient tendrement au feruice de Dieu ces gages de leur dilection mutuelle, quand le Ciel ialoux de voir le Paradis descédu en la terre, enuoya la mort separer des corps dont les cœurs estoient indiuisibles. Attaque-toy, cruelle Parque, à tant de miserables qui par l'incompatibilité de leurs humeurs forment vn enfer dans leurs mariages; tranche auec ta faulx meurtriere ce nœud qui les contraint pluſtoſt qu'il ne les eſtreint, & qui leur fait icy bas trainer vne vie pire que mille morts. Inexorable tu fuis ceux qui te reclament, & tu pourſuis ceux qui te fuyent. Cantharide faſcheuse gasteras-tu tousiours les plus belles fleurs? separeras-tu tousiours auec ton glaiue homicide ceux dont l'inuiolable amitié est plustost vnité qu'vnion? Mais tout beau! gardós-nous d'attaquer sous vn nom emprunté les secrets decrets de la diuine Prouidence. Ce mariage, l'image des plus accomplis, ne dura gueres plus d'vn lustre, vne mort precipitee, mais non impreueuë, enleue en peu de iours Achante à Sofronie, & la laisse en la possession d'vne inconsolable douleur. Ce coup inopiné pareil à vn foudre qui frappe en esclairant, surmonte & eſtone ce grand courage, qui auoit bien aſſez de pieté pour ſupporter vn tel accident, mais non pas aſſez de vigueur pour ſouſtenir la violence d'vn aſſaut ſi bruſque. Toute eſbloüye elle ne voit pas, toute ſaiſie elle ne dit mot; mais quand le temps luy euſt donné le loiſir de recognoiſtre ſa perte, elle reſſembla à ces paſmez, qui reuenans de leur ſyncope entrent dans les douleurs de la mort à meſure qu'ils reuiennét en vie. Que dit-elle, mais que ne dit elle pas? non elle ne diſt rien, ou ſi elle diſt quelque choſe, ce ne fut rien qui approchast de son desplaisir: les paroles l'amoindriroient plustost que de le representer, l'offenceroient au lieu de l'exprimer. La douleur qui se peut dire ne se peut dire douleur; les petits desplaisirs donnent place à la plainte; les mediocres se peuuent souspirer; mais les grands accablent l'esprit & l'assoupissent. C'est pourquoy les anciens ont estimé que l'insensibilité & le silence estoient les seules couleurs qui pouuoient bien depeindre vne iuste & incomparable affliction. Achante ma lumiere, disoit quelquefois cette desolee, pour exhaler le mal qui l'estouffoit, que peux ie voir desormais icy bas qui puisse contenter mes yeux, puisque vostre eclypse me plonge en des tenebres perpetuelles? les iours me seront d'icy en auāt des nuicts, & ces nuicts nourricieres de mes ennuys ne m'entretiendront que de l'object de vostre perte. Ciel importun, pourquoy nous separois-tu, puis qu'vn si sacré lien nous vnissoit? & toy sincere, mais seuere affection, pourquoy me restes-tu, puisque le Ciel nous separe? Mais que dis-ie, mon esprit esgaré ne s'aduise pas que ces paroles temeraires peuuent blesser l'arrest de la diuine Prouidence, pourquoy accuser l'innocence des astres d'vn crime qu'ils n'ont pas commis, & pourquoy vomir contre cette loy ineuitable de la mort, ce que la fureur tire d'vn courage insensé quand elle maistrise les sentimens: il me vaut beaucoup mieux prendre le remede vniuersel des maux incurables, la patiéce: & sans offencer la creance de la resurrection par vne plainte immoderee, esperer pluſtost de suiure celuy qui m'a deuancee que de souspirer inutilement la priuation de sa presence. Reposez en paix, cheres cendres, & sans troubler vostre repos de l'importunité de mes cris recelez soubs vostre froideur ce chaste feu qui allumé en mon cœur seulement pour vous ne peut estre ressuscité pour aucun autre. Achante, Acháte, vous serez l'vnique espoux de mon corps, & mon Dieu à iamais l'vnique Espoux de mon ame.

Là dessus elle se resout fortement & puissamment de témoigner la fermeté de son affection par vn perpetuel veufuage, ce qu'elle auoit de longue main determiné en son cœur durant ses plus beaux iours par vn vœu secret, lequel ayāt renouuellé, (effect admirable de la grace) elle se sentit entierement allegee du fardeau des destresses qui l'accabloiét. Que la souppesse de Dieu est exquise au maniement de nos cœurs, & que sa bonté sçait bien prédre son temps, non seulement pour faire reluire hautement sa Iustice, mais pour asseoir efficacement les traicts de sa misericorde. Sofronie auoit tousiours faict dans le monde profession d'vne tres-eminente vertu, sa

pieté estoit en vne recom-
mandation singuliere : mais
comme les feux du Ciel ne
sont iamais si clairs que
quand la nuict est bien noire, iamais si effacez que quád
le Soleil paroist estincelant;
ainsi pendant la prosperité,
tant de perfections qu'elle
possedoit dans son interieur
estoient comme ensevelies:
mais dans les tenebres de
l'aduersité elles brillent de
toutes parts, sa nuict la rendra illustre comme le iour
plus serain, & son noir manteau sera son illumination,
sa lápe ne sera point esteinte
par les tenebres, au contrai-

re elle en sera renduë plus esclatante. Ainsi la main paternelle de la diuine Bonté ne blesse iamais que pour guerir, semblable à celle d'vn Chirurgien pitoyable, qui ne fait mal que pour en tirer du bien ; elle ne mortifie que pour viuifier, ne rauale que pour releuer, n'afflige que pour multiplier ses consolations par dessus la mesure de nos miseres. Que cette tempeste fut heureuse à Sofronie, puis qu'elle l'a conduitte au port de la Religion où elle est maintenant, & où ses nuicts sont changees en de beaux iours, son trouble en paix, ses angoisses en des consolations Angeliques. Tant il est vray que l'affliction donne de l'entendement, que c'est le creuset où s'espreuue & s'espure l'or de la vraye Charité, & que tout coopere en bien à ceux qui sont bons. Encores n'est-elle pas insensible, la nature ne luy a pas mis vn rocher dans la poictrine en la place du cœur, elle ne peut pas si tost effacer de sa pensee cette image cherie qui nage encores dans son imagination, les endroits de ses plus doux entretiens touchent les lieux de ses affections, &

luy sont autant en horreur qu'autres-fois ils luy sembloient agreables quand son Espoux les animoit de sa presence. O Dieu, pouuoit-elle dire auec la desolee Esther, puisque ces lieux où i'ay eu tant de cósolations sont tous arrosez de mes pleurs & remplis de mes plaintes, aydez-moy en ceste solitude où ie suis reduite par vostre volonté, que i'ayme & que i'adore. Maintenant, Seigneur, ie ne suis plus diuisee, ostez ce partage de mon esprit, leuez ces pensees, complices de mon inquietude, afin que ie sois absolument toute vostre. Tout mon desir est deuant vous, & mon gemissement ne vous est pas caché: la force me defaut en l'effort de tant de cruels assauts que me liure le souuenir de ma misere; ie suis violentee, respondez pour moy, mon cœur se trouble dedans moy, la vigueur me máque, i'ay le courage abbatu, la lumiere de mes yeux & celle de mon iugement m'abandonne, celle-là suffoquee de larmes, celle-cy offusquee d'ennuis.

Cette veufue encore si ieune qu'à peine passoit-elle les ans qui exemptent de tutelle, & à qui sainct Paul mesmes s'il eust esté au monde, eust peut-estre permis de tenter vn second naufrage, se resoult d'estre vrayement veufue, d'en faire vne profession toute ouuerte, pour tâcher tout d'vn fil les poursuittes de plusieurs astrologues qui regardoient desia les aspects de cet Astre dans les tenebres de sa nouuelle nuict. Elle ne vouloit pas mourir en viuant, comme l'Apostre dit que fait la veufue qui vit en delices; car comment les delices qui n'eurent iamais d'accez auprés d'elle en la fleur de ses printannieres annees, en eussent-elles trouué

trouué en cét hyuer rigoureux qui la rendoit plus froide que la glace. Cette chaste Tourterelle ayant faict resonner sa voix gemissante en tout le voisinage, cette voix est suiuie du retranchement de toutes les compagnies dont l'honneste & respectueux abbord honoroit auparauant sa maison. Ce n'est plus cette Noëmy gratieuse qui accueilloit vn chacun d'vne façon si vertueusemét obligeante, mais c'est vne Mara, qui n'a que de l'amertume, que tout le monde euite. Somme, la voila crucifiee au monde, comme le monde à elle. Les communes consolations la desolent, on ne luy sçauroit faire plus de plaisir que de la laisser là. C'est vne violette de Mars, & de mort, qui se plaist à l'ombre, elle n'est plus viuáte qu'à demy; car cóme elle a perdu en son espoux la moitié de sa vie, elle a tiré de son tombeau la moitié de sa mort. La seule consolation qui luy reste en la terre (tout son soucy n'estant plus qu'en Dieu) c'est la veuë de ses enfans si beaux, & si bien nais, qu'ils ressembloient plustost à des Anges en des corps humains, qu'à des creatures mortelles; tant il est vray que la generation des iustes est pleine de benedictió. La voila comme vne gelinotte, qui esleue soubs les aisles amiables ses petits poussins, elle les voit croistre à veuë d'œil de corps & d'esprit, & profiter en sagesse, & en pieté deuant Dieu, & deuant les hommes: ces jettons de Palme poussent insensiblement, ces pampres sont autour de cette douce vigne, ces ieunes oliuiers aux enuirons de sa table, qui prient pour leur pere, & benissent leur mere: que de douceurs parmy ses douleurs: ces belles roses consolent les espines qui la poignent. Que de fruicts promettent ces belles fleurs en leur arriere saison, que de glorieuses esperances moissonne cette mere abeille de ces tendres boutons, dont elle compose le miel qui tempere l'esguillon qui la presse: le contentement de les voir essuye ses larmes, qui sont r'appellees par le regret de ne les pouuoir aduancer, comme eust peu faire celuy qui estoit passé de cette miserable vie à vne meilleure. O que de benedictions de la rosee des Cieux, & de la graisse de la terre versoit cette bóne veufue sur ses chers enfans! Comment n'eussent profité ces plantes arrousées d'vne si bonne main? Images viuantes de vostre pere, disoit-elle quelquesfois, gages precieux de nos plus sainctes affections, vous eussiez eu beaucoup plus de bon-heur si la mort eust par vn meilleur choix enleué cette chetiue creature, & vous eust laissé celuy qui vous a mis au monde. Las! comme elle est aueugle, son choix est ordinairement precipité. Mais pourquoy acculerons-nous cette vaine idole, qui n'est que l'effect d'vne cause plus haute? Le Ciel sera desormais voſtre pere, & ce grand Ouurier qui ſe dit le Pere des orphelins, & le Protecteur des veufues, aura vn ſoing particulier de vous & de moy, ie ne tiens plus au monde que par le filet de voſtre nourriture : faittes ie vous prie que voſtre vertu deuançant vos annees auance le repos que ie deſire chercher dedás le Cloiſtre, & que i'eſpere trouuer au pied de la Croix. Vous eſtes ma ioye, & ma couronne, ne m'arrachez pas cette guirlande de la teſte par vos imperfections, car ſi ie vous voyois degenerer de la vertu de vos anceſtres, vous precipiteriez mon trespas, & rouleriez mes derniers jours auec angoisse dans le tombeau: ne me frustrez pas de mon attente, & que tant de fleurs qui paroissent en vos plus tédres ans ne soient pas sans fruict. Si Dieu vous enleue deuant moy de cette terre de mort en celle des viuans, ie ne contrediray pas à sa volonté, car le nombre de nos jours est en sa main, les fruicts luy appartiénent aussi bien que l'arbre: s'il vous appelle au seruice de ses autels, c'est le plus haut poinct où aspire l'ambition que i'ay pour vostre gloire; car bien que ie vous desire fortunez deuāt le monde, ie vous souhaitte encores plus grands deuant la face de Dieu. Ainsi disoit cette bonne mere, donnant vn bel exemple à ceux qui ont des enfans de les charger de benedictions, au lieu de ces maledictions ordinaires que l'impuissance d'vne cholere precipitee tire des courages bas & raualez. Maledictions, qui comme vn froid Aquilon bruslent ces tendres herbes, qui penetrent comme l'eau dans leur interieur, comme l'huile dedans leurs os, & sont communément les sources originaires des malheurs, & des calamitez qui suruiennent au courant de leur vie.

Tandis que nostre Sofronie console la tristesse de son veufuage en esleuant ces rejettōs de son chaste Hymen, grauant insensiblement sur les escorces de ces ieunes arbrisseaux mille bonnes impressions de la crainte & de l'amour de Dieu: la Prouidence du Ciel qui ne dort iamais, & qui a l'œil ouuert, principalement sur ses esleus, fait que le grand Theophile, ce renommé Pasteur des Allobroges, qui a remply toute la terre des fruicts de son insigne doctrine & de son incōparable pieté, est coūié par le Senat qui distribuë la souueraine Iustice du Monarque des Gaules aux Eduenses, de luy rompre le pain de la saincte parole durant le temps de la Penitence qui precede la Pasque. Ce Prelat qui se fait tout à tous pour les gaigner tous à IESVS-CHRIST, & qui se prodigue au seruice de quiconque reclame son ayde, accorde volontiers la requeste d'vne si graue Compagnie, dont les arrests sont des Oracles pour la Prouince, des reigles pour les estrangers, & de la gloire pour toute la France. La Renommee, dont les aisles legeres sement le bruit de son arriuee par la campagne, despeuple les Chasteaux circonuoisins de leurs nobles habitans, desireux d'entendre la voix de ce fameux Berger, qui edifioit auec sa parole, non pas les feintes murailles de Thebes, mais les veritables parois de Hierusalem, qui se releuent de pierres viues. Sofronie entre les autres attiree par l'odeur de ces parfums, si conformes à sa pieté & necessité de rechercher des solides consolations dedans la parole celeste pour son ame affligee, accourt à ces discours de Penitence, & comme vne autre Marie elle conserue soigneusement en son cœur tous les enseignemens de salut qui sortoient de cette bouche Apostolique. Son ame fut plustost prise que surprise, car le foudre deuança l'esclair, tant elle auoit de disposition à se laisser sainctement prendre. Celuy qui est enfant de Dieu ayme extremement la parole de son Pere, & non seulemét l'entend, mais la garde & l'execute. Tandis que les moissons de cette region blanchissent soubs les ardants rayons de ce grand Astre qui l'esclairoit & l'eschauffoit de sa doctrine emmy les conquestes de plusieurs ames qu'il rangea au seruice de nostre Seigneur, & parmy les enfans spirituels qu'il engendra en grand nombre, par l'Euangile, il arracha des mains de l'ennemy de nostre salut, & des tenebres de l'erreur plusieurs pecheurs signalez, plusieurs errans obstinez, qu'il attacha comme des despoüilles de marque au temple de la gloire de son Maistre: il glana plusieurs espics d'vn fromét d'élite qu'il rangea dans les greniers de la saincte deuotion: O mes chers enfans, pouuoit il dire auec sainct Paul, ie vous porte dás mes entrailles iusques à ce que IESVS-CHRIST soit formé en vous. Mille tomberent à sa gauche, dix mille à sa droitte, mais d'vne victoire qui reuenoit au profit des vaincus, d'vn triomphe dont les trophees se rapportoient à Dieu, ce genereux Athlete n'ayant pour soy que la peine de combattre.

Mais en cette moisson generale, il ne recueillit aucune gerbe si chargee de vertus que le cœur de Sofronie, c'eſtoit vne terre de benediction capable des plus ſainctes influences du Ciel, & ſur laquelle comme ſur celle de Promeſſe deuoit couler le laict & le miel de la vraye deuotion; car de longue main elle s'eſtoit nourrie de ce beurre, & de ce rayon myſtique, qui fait eſlire le bien, & rejetter le mal. Certes, cette ame auoit touſiours eſté toute pleine d'honeur & de vertu, & d'vn iugement ſi beau, que comme vne abeille induſtrieuſe & meſnagere, elle s'eſtoit eſtudiee à imiter toutes les perfections qu'elle voyoit reluire diuerſement

Contraste insuffisant

NF Z 43-120-14

en ses compagnes: De sorte, que des vertus de tant de Dames honorables & pieuses qu'elle auoit religieusement pratiquees, elle auoit formé en soy l'idee de la Dame des vertus. Si faut-il pourtant aduoüer que ces premieres habitudes qui reluisoient en elle auec tant de lustre, acquirent vn bien plus haut esclat par cette nouuelle ferueur de charité qui luy suruint de la parole embrasee de ce Seraphin terrestre. La deuotion n'est autre chose que la claire flâme, & la viue poincte du feu de l'Amour de Dieu : & comme le feu s'estend, & s'aggrandit plus on luy donne de nouriture, ainsi celuy de la charité plus on luy fournit d'aliment. Que de bonnes ames demeurent dans les termes d'vne pieté vulgaire à faute d'inftructió! Combien d'autres, helas! croupiffent dans l'efclauage de l'Egypte à faute de Moyfes! combien d'efprits reftét paralytiques pour n'auoir point de main fecourable qui les roule dans la pifcine! que de defirs autát aiflez que zelez font retenus contre bas par la pierre de l'ignorance! Certes, toutes les vertus, auffi bien que la foy, peuuent receuoir de l'accroissement, il y a plusieurs degrez auant que d'arriuer à leur cime, c'est pourquoy, n'en desplaise à Sofronie, si i'ose dire que ses premieres perfectiós estoiét moins parfaictes estans meslees dans le tracas de tant d'occupations seculieres, lesquelles bien que legitimes allanguissoient beaucoup la force de son esprit, à comparaison de ces eminentes qualitez qui depuis l'ont renduë vn Miroir de pieté parmy les plus deuotes de son siecle. Toutes les vertus, comme les pierreries dans le miel, deuiennent plus esclattantes dans la deuotion: C'est la rosée de l'Iris qui remplit de musc les espines moins odorantes: que les vertus morales & humaines sont plattes si elles ne sont releuees par la valeur du diuin Amour, elles sont belles de leur nature, mais pauures de leur estre, semblables à Esther, qui toute rayonnante de beauté ne laissoit pas d'estre esclaue: mais quand elle fut esleuee au throsne d'Assuere, les ornemens Royaux ne contribuerent pas vn petit aduantage aux traicts agreables que la nature auoit empreint sur son frot. Le martyre sans

l'amour est vn enfer antici-
pé, vn verre d'eau froide pour
l'amour est vn Paradis meri-
té. Nos bonnes œuures sans
la grace sont des Persiques
veneneuses en leur solage
naturel, qui ne donnent que
l'enfleure d'vne vanité fri-
uole; mais transplátees dans
le terrein de la charité, elles
sont d'vn salutaire vsage.
Plantez en la demeure du
Seigneur, dit le plus diuin
des Chantres, ils floriront
dans les paruis de la maison
de Dieu. Le nom Sacerdotal
du grand Prestre Aaron ne
fut pas plustost graué sur sa
houssine, qu'elle poussa des

fleurs agreables, des fruicts excellens, des fueilles miraculeuses. Cette douce parole VIVE IESVS, n'eust pas pluſtoſt retenty aux oreilles de Sofronie, qu'elle demeura burinée profondémét en ſon cœur, & en effaça toute autre impreſſion terreſtre; tous ſes ſens interieurs, & & exterieurs en furent remplis; elle commença à florir en ſaincts deſirs comme la palme, & à multiplier en bónes operations comme les cedres du Liban: ſon ame benit Dieu, & toutes ſes facultez plus intimes exalterent ſon ſainct nom. La myrrhe produit sa stacte ou sa góme par forme de tráspiratió, mais c'est auec peine & auec beaucoup de longueur, si que l'on est contraint de l'ayder par des incisions, & d'auancer sa distillation par des esgratigneures. C'est peu de chose que ce que peut pousser vne ame qui n'est point soulagee au train de la vertu; il est bien malaisé d'arriuer en Rages, de vaincre les monstres qui se presentent au chemin, de surmonter les embusches des demons, de rapporter le profit des promesses diuines faictes à ceux qui auront legitimement combatu, de regaigner la maison paternelle en sauueté, comme fit le ieune Tobie, sans la conduite d'vn Ange. La route de la vie spirituelle est difficile à tenir sans Directeur, qui l'a trouué en doit plus remercier Dieu que de la descouuerte d'vn thresor.

Ce fut vn grand bonheur à Sofronie de rencontrer ce sage Seruiteur de Dieu Theophile pour remettre le gouuernement de son ame en de si sainctes mains, mains sacrees, & qui ont imprimé sur mon chef le caractere d'vne eternelle redeuance: mains faites au tour, tant elles sont industrieuses au maniment des cœurs, & chargees de hyacinthes, c'est à dire d'aduis deuotieux & d'enseignemens salutaires. Nostre Escholiere profita tellemét aux choses de l'esprit sous la guide d'vn si bon Maistre, qu'en peu de temps elle deuança toutes ses compagnes en la vie deuote: & cet habile personnage qui recogneut en elle de merueilleuses dispositions pour faire progrez en ce dessein, se rendit fort soigneux de la bien instruire, la coduisant par plusieurs exercices spirituels conformes à sa qualité comme à sa suffisance.

sance. Ceste docilité que l'Apostre desire souuerainemét en ceux qui veulent tendre à la perfection, se trouua extreme en ceste ame, qui auoit le naturel contraire aux choses faciles à grauer & difficiles à retenir les impressions: car elle apprenoit aisément, & oublioit malaisément. Que de simplicité auec beaucoup de prudence, que d'obeissance auec beaucoup de iugement, auec beaucoup de fermeté que de condescendance. Cependant la Pasque fait son passage, & ce passage passé appelle le retour de nostre Pasteur dans l'enceinte de sa

E

Bergerie. Ce fut vne eclypse generale pour cette contree des premiers Chrestiens: Theophile y ayant acquis de grandes affections, y fit naistre des desplaisirs qui se peuuent mieux penser que dire: le regret égal à l'amitié estoit nompareil; il fut autant souspiré qu'il estoit aymé, autant aymé qu'il estoit admiré; ses inimitables vertus & son eminéte doctrine ayant laissé à ceux qui l'ont suiuy en ceste chaire plus d'estonnement que d'emulation, plus de desespoir que d'enuie.

Sofronie comme la fille aisnee de son cœur paternel,

& le chef du troupeau que la deuotion conduisoit aux pasturages de la grace, ressentit cette absence, comme la terre fait celle du Soleil pendant l'hyuer, dont l'esloignement la rend toute couuerte d'horreur & de glace. Il n'appartient qu'à ce grand courage en ce siecle de ressusciter les anciennes resolutions d'vne Paula, d'vne Eustochium, d'vne Melania, d'vne Saluia, qui furét iadis si heureuses que d'estre filles spirituelles du grand sainct Hierosme: Car ce bon personnage les ayant enseignees à Rome en l'exercice des vertus, &

de la penitence, & les laissant là pour embrasser la vie solitaire autour de la creche de son Sauueur en Bethlehem; voila que pour suiure nostre Seigneur soubs sa sage coduitte, elles quittent leurs parens, & leurs biens, & trauersant les mers le vont trouuer en Orient pour se confiner Religieuses auprés de cette estable où le Sauueur prit sa naissance. Il me semble que ie voy en Paula & en sa fille Eustochium la viue image de nostre Sofronie, & de sa fille Darie, cette Darie dõt nous voulons depeindre l'heureuse & l'admirable fin;

si nous n'aimons mieux dire que ces dernieres sont vne excellente copie de ce premier original: car qui n'admirera la ferueur qui porta la B. Paule Dame Romaine de sang illustre & ancien, ayant vn fils Senateur Romain, dignité fort eminente, & vne fille mariee à vn des plus grands Seigneurs de la ville de Rome, nonobstant les prieres de tous ses parens, la dissuasion de tous ses amis, la conjuration de ses enfans, & les tendres larmes de ses petits enfans, à distribuer ses grands biens en trois parts, en laissant vne à ses legitimes heritiers, donant l'autre aux pauures, & emportât la troisiesme quant & soy, pour fonder des Monasteres en la Palestine; à quitter son païs & sa parenté, faire voile à trauers les orages de la mer, auec sa petite fille Eustochium, qui ne voulut iamais l'abandonner; à se mocquer des pleurs de ceux qui pensoient arrester la determination de son courage, à imiter la resolution d'Abraham qui quitta sa patrie & son parentage, pour aller suiuant l'ordonnance de Dieu en la terre de Vision; à trancher tant de considerations mondaines, qui comme des toiles d'araignees se representoient à son iugement pour embarrasser le miel de la picté qu'elle vouloit cueillir sur la creche du Sauueur. Si tout cela n'est admirable, qu'est-ce donc que l'on admirera? n'est-ce pas mettre en pratique tant de fortes persuasiós que l'eloquét sainct Hierosme employe dans les Epistres que nous voyons encores de luy à ces sages Dames: mais les pratiquer à la lettre, n'est-ce pas tesmoigner que ces inspirations estoient nees de Dieu, puis qu'elles combattoient si puissamment toutes les volontez de la chair, & toutes les raisons des hómes? O IESVS crucifié, combien il est vray qu'estant haussé en la Croix, vous attirez tous ceux qui reciproquent vos attraicts puissamment & suauemét, auec vne force si destrempee de douceur, que comme il n'y a rien de si fort que cette douceur, il n'y a rien de si doux que cette force.

Nostre Sofronie preferant l'aduancement de son interieur en la voye de Dieu, à tous les aduátages terrestres que suggere l'vtilité d'vne mesnagerie, & voyant ses enfans hors des termes de cette puiſſante neceſſité qui force toutes les loix, ſe reſout d'imiter la reſolution de Paula, ſinon pour aller ſi loing, (car que peut la diſtance des lieux ſur vn braue courage,) au moins en l'abandonnement de ſa maiſon, de ſon pays, & de ſa parenté, pour apprendre les ſecrets de la vie ſpirituelle aux pieds de ce Gamaliel. Que direz-vous mondains de cette determinatió? Eſprits louches qui voyez tout ou double ou de trauers, qui par les nuages de vos iugemens tenebreux offuſquez le luſtre des actions

E v

plus esclatantes, murmurerez-vous point auec les Iudas & les Pharisiens? ne redoutez-vous point de perir en la contradiction de Choré, en suiuant le train du loyer de Balaam? Direz-vous, ou plustost ne redirez-vous pas cela mesme que les mesdisans de Rome iargonnoient du téps de sainct Hierosme, dont se plaint ce deuotieux personnage en quelqu'vne de ses lettres, alors que Paula & Melania crespoient & anneloient leurs cheueux, que la poudre & le parfum estoit sur leurs testes, que l'or & la pierrerie qui estoit sur leurs habits reiettoit contremont les rayons du Soleil, que le ris mondain & la sotte ioye estoit sur leurs visages, que l'afseterie paroissoit en leur maintien & en leurs discours, que leurs beautez estoient des Idoles viuantes religieusement adorees par les enfans du siecle, qu'elles estoient les mieux parees du bal, qu'elles paroissoiét hautement dedans les compagnies; on me laissoit en paix: mais maintenant que tout cet attirail est abbatu, que le Soleil & le feu n'est plus dans leurs prunelles, que leur frót n'esclatte plus de lys & de roses empruntees, que les pierres d'Orient se sont heureusement changees en pain distribué aux pauures, que la baue des vers ne leur sert plus d'habit, que la modestie reluit en leurs regards, que la pauureté est en leurs vestemens, la sobrieté en leur máger, leur conuersation aux Eglises, ou pluftost au Ciel auec les Anges, que leur chef est couuert de sac & de cendres, leur corps d'vn rude cilice, que leurs ioües ont perdu leur embonpoint, & ne representent que l'idee de la maceration, que leurs larmes leur seruent de pain iour &

nuict, & leurs pleurs de breuuage, que leur voix ne sert qu'à la priere, leur bouche n'est ouuerte qu'aux souspirs & aux sanglots: c'est icy que la malignité cóme vne lyonne rugissante ouure sa gueule côtre moy, & qu'elle m'attaque d'vne langue traistresse, & qui porte le venin d'aspic en ses paroles. O Seigneur deliurez moy des leures malicieuses, & de l'iniquité des langues mesdisantes. Et puis dittes que les mousches ne s'attachent pas aux miroirs plus polis.

Le grand Theophile ne fut iamais en ces alteres, car ses

actions plus esclatátes qu'vn Soleil monstrent que ce Prelat, auec les autres vertus que S. Paul desire en vn Euesque, a aussi celle d'Irreprehensible: l'ombre n'ose paroistre deuát ce flambeau: & si l'admiration pouuoit faire place à l'enuie, l'enuie mesme ne se pourroit pas empescher de le loüer, & le declarer sans reproche. Ioint que la sage Sofronie a sceu si bien assembler en soy la grace d'Abigail auec la prudence de la Thecuite, & la chasteté de Iudith, qu'on la peut appeller aussi iustemét que cette derniere la gloire de Hierusalem, la ioye d'Israël, & l'honneur de sa race. Son départ n'est point precipité, les annees couuent cette deliberation, le consentement des siens la faict esclorre, & la deuotion luy donne des aisles de Colombe pour voler au repos, & puis des fortes plumes d'Aigle pour se guinder hautement, & sans défaillir à la perfection. Ses affaires bien establies, sa maison bien disposee, ses enfans seurement rágez, elle prend la route des Allobroges, pour donner la naissance à ses pieux desseins, qui depuis ont paru, & paroissent tous les iours à la gloire du grand Dieu, & à l'edification de la saincte Eglise: ainsi que nous verrons plus à plein en la suitte de cette Histoire.

Les Allobroges, autremét appellez Sebusiens, sont des peuples qui habitent ces monts Alpezans, qui seruent de rempart à l'Italie, contre la generosité des redoutables Gaulois : & il semble que la nature recognoissant l'incomparable valeur des peuples de cette Monarchie aye voulu secourir la foiblesse de ses voisins par les Alpes, & par les Pyrenees, afin de contenir le courage de ces dompteurs de natiós. Or nos Allobroges (ainsi les dois-ie appeller, puisque mó sort me met en leur voisinage) sont aussi subtils que l'air penetrant qui siffle au sommet de leurs mótagnes, où vn hyuer eternel est assis en vn throsne de cristal parmy les neiges & les glaces: ils n'ont rien de gros que le drap qui les defend de cette froide rigueur; ils habitent vne contree aussi douce dans les vallees, aussi amene, & aussi fertile qu'autre que le Soleil esclaire: les mœurs des habitans y sont debonnaires, Catholiques à outrance,

& affectionnez à leur Prince, par delà tout ce qui se peut, non pas dire, mais imaginer. En ce grand monde de cimes sourcilleuses que le deluge eut de la peine à noyer, & qui font presques autant de païs que de vallees, s'esleue vne montagne sacrée arrosee en sa racine d'vn lac parfaictement beau, & qui par la clarté de son onde met en compromis la pureté du cristal ; montagne de Dieu, montagne grasse, montagne en laquelle il plaist à Dieu de demeurer. Car outre les Hermitages qui sont espars çà & là dedans ses antres, l'on ne voit qu'Abbayes & Monasteres, tát de l'vn que de l'autre sexe, qui bordent les riuages de ce lac delicieux sur la pente de ce tertre. L'abódance y est telle, que l'vne de ces maisons tire son nom de là, l'autre le sien de sa situation, pour estre au talon de cette croupe : vn autre de filles vierges, qui militent en l'Ordre de sainct Benoist, soubs l'Institut de sainct Bernard, & dedié à cette glorieuse Martyre, dót les Anges porterent le corps sur le faiste de Sina, est enfoncé dans le plus creux de ce mont, hors de tout aspect, & de tout commerce humain. C'est là où le grand Theophile a mis vn tel ordre, que cette maison est vn Phare luisant, qui esclaire tout le voisinage, & l'embaume de l'odeur de son parfum comme vne lampe aromatique. Diray ie que i'ay veu en cette plage bien-heureuse sur vne poincte de roc vn petit Monastere de Capucins, qui semble plongé dans ce grand lac, & si gentil, qu'auec celuy du lac de Braciano en Italie, il en est peu de plus agreables. Au pied de cet Olympe à l'endroit où se desgorge ce lac agreable par vne belle riuiere qui baigne d'vne eau plus viue que le Mercure les vallees voisines, est assise la Seconde ville des Allobroges, appanage de ceste fameuse Maison, des plus anciennes du Christianisme, race de tant d'Empereurs, & où les plus grands Roys de la terre comme à l'enuy prennent des alliances. Sur la teste de ceste ville paroist vn superbe Chasteau, demeure du Prince des Semines, Duc de ceste ancienne ville de nos Gaules, où nos vieux Druides dedierent vn autel à la Vierge qui enfanteroit. Prince renommé en nostre

France autant par sa propre vertu que par la gloire de ses ancestres, & dont la pieté côtestant la palme auec la science & la valeur, nous met en peine de sçauoir laquelle des deux est sa marraine, ou la deuote Vesta, ou la guerriere Minerue: Prince que le Ciel vient de benir d'vn fils qui fait esperer à ceste contree que les iours dorez n'auront pas esté seulement pour le temps de Saturne. Cette ville que ie depeins toute saincte, toute deuote, toute Catholique, & quasi toute Ecclesiastique, pour la grande multitude de maisons de deuotion qui sont en son enceinte, pour dire en vn mot toutes les excellences, est vn plan raccourcy de celle qui tient le premier rang en la France, & qui est par consequent la premiere de l'Vniuers. Mais certes vn plan raccourcy, enuiron pareil à celuy que fit vn Prophete qui representa Hierusalem sur vne tuille: car la mesme proportion qui est entre ces pigmees, qui enuironnoient comme des fourmis le pied de cet Hercule dormant, est entre ces deux Citez : ce sont deux villes, comme vne fourmis, & vn Elephant sont deux animaux, semblables en qualité, differens en quantité; somme elle est trauersee de cette riuiere qui sort du sein de ce lac, & fait vne Islette où se tient comme en nostre Ville-monde le Palais de la Iustice de cette vallee. Voila le poinct de la ressemblance; car au demeurant vne parcelle d'vn des fauxbourgs de celle-cy engloutiroit tout le territoire de celle-là. Certes i'ayme l'vne & l'autre, mais plus encor la verité, que la petitesse contente de la gloire de la conference, laissant la vanité de la comparaison. Si l'on pense que c'est blasmer

DE DARIE.

mer que de loüer ainsi, ie croy qu'vn esprit equitable iugera plustost que c'est loüer que de blasmer ainsi. Pour moy ie declare ingenuëment que mon dessein a visé à la loüange, le blasme d'aucune chose pour mesprisable qu'elle soit ne tombant pas en mon esprit seulement en idee.

C'est donc en ce sejour des Isles fortunees que i'ayme & que i'honore, où le grand Theophile Pasteur Diocesain de ces lieux fait sa retraitte, plorant sur le courant de ces belles eaux le souuenir de sa chere Syon, de son vray siege, que la cruauté de l'heresie luy rauit aussi injustement que sa Principauté. Et c'est là que nostre nouuelle Paule va chercher son Bethlehem pour viure soubs la direction de ce sainct Homme, qui doit estre son Hieronime, c'est à dire, la reigle sacree de son ame, & de ses actions. Elle va donc accompagnee de sa chere Darie, ombre inseparable de son corps: cette sage Ruth ayant protesté vne constante fidelité à cette bonne Noëmi, & declaré que la seule mort pouuoit trancher le nœud d'vne vnion si serree. Allez heureuses ames, à la conqueste des Cieux, qui n'est promise qu'aux violens, soubs la conduitte d'vn si experimenté Capitaine. Si l'on accouroit des quatre coings du mode pour escouter vn Platon philosophát, si pour entendre vn Appolloine, qui estoit plustost vn Magicien qu'vn Mage bié sage, & si de tous les costez du monde le sçauant S. Hierosme estoit consulté comme personnage consommé en la cognoissance des idiomes qui ouurent les sens, & descouurét les secrets des Escritures; pourquoy Theophile l'An-

F ij

ge de nos montagnes, homme si versé en la science des Saincts, comme ses ouurages le tesmoignent, ne sera-t'il pas recherché pour apprendre de sa bouche les ressorts de la Theologie Mystique? Nos Dames arriuees au lieu desiré de leurs ames, ne pensent qu'à s'aduácer en la vertu, à profiter en la pieté, à conuerser dans le Ciel, à vacquer aux exercices de l'esprit, dénuees de toutes les solicitudes de la terre. Si la deuotion de Sofronie a esté admiree des Eduenses, elle ne l'est pas moins des Sebusiens: chacun regarde ce gràd Astre qui paroist nouuellement sur leur horison, nõ point cóme vne comette sinistre, mais cóme vne planette gratieuse qui leur promet vne influence fauorable. Elle minutte de fonder vn Monastere dãs le parc du grãd Theophile, pour faire vne saincte retraite sous la houlette de ce sage Berger. Darie ne se prómet rié moins que d'estre cópagne de sa mere en ceste religieuse entreprise: mais le Ciel qui ne forme pas tousiours ses dispositiõs sur le moule de nos propositions, ne la destine pas à ce qu'elle desire, & la destine à ce qu'elle ne desire pas. Comme le dessein de Sofronie n'est pas petit, aussi faut-il du temps pour le bien digerer auant que de l'esclorre. Et le iugement du prudent Theophile, qui va le pas de Saturne en ses entreprises, repense longuement à cette affaire, qui doit faire naistre en l'Eglise de Dieu vne nouuelle Congregation de vierges & de veufues, soubs le tiltre de la saincte Mere de nostre Seigneur. Tout le monde iuge que Sofronie est extrémement propre pour ses grandes vertus, & pour les facultez qui l'accompagnent, d'estre la pierre fondamentale de ce deuotieux project; Theophile mesme le pense bien ainsi, mais la sagesse luy faict icy pratiquer l'aduis de Cesar, qu'il se faut haster tout bellemét, & celuy du Prince des Apostres, de ne cheminer point en la precipitation d'vne ferueur immoderee. Tandis que Sofronie qu'vne saincte impatience presse de voir son dessein reüssir, pratique tant qu'elle peut les exercices de pieté qui y estoient conuenables, attendant d'vne courageuse attente que le Ciel trop exorable exauçast ses vœux; tandis qu'elle soustient l'impetuosité de ses desirs auec vne grande generosité, fortifiant son cœur de cette esperance, que ceux qui se fient en Dieu ne sont point confondus. Tandis qu'elle lance souuent vers les Cieux ces souspirs de Dauid, Hé! Seigneur, receuez moy à vostre seruice, & selon vostre promesse ne me frustrez pas de ce bien que i'attends au pied de vos Autels. Mes yeux ô grand Dieu, sont-tousiours retournez vers vostre bonté, en disant, Helas! quand me consolerez-vous? Tandis que les fleurs de son espoir meurissent létement sous les rays d'vne longue deliberation;

comme chacun admiroit la force de ceste patience necessaire pour emporter les effets des diuines promesses de cette patience, en laquelle parmy des irresolutions elle possedoit son ame en paix: la ieune noblesse de Selusie & encores de Segusie a bien d'autres pésees sur tant de lumieres que Darie faisoit paroistre en son ieune Orient. Car ny ces voiles qui couuroient vne face d'Ange sous leur obscurité, comme les astres sont rebouchez par les nuees, ny les religieux mespris des ornemens seculiers qui paroissoient en ses vestes

F v

mens, ny la fuite des compagnies, ny la modestie de ses paroles qui ne rompoient iamais le silence que par la loy de la necessité, ny la protestation de vouloir suiure la condition de sa mere, ny l'absolu desdain du monde qui se faisoit voir en tous ses deportemens, n'empeschent point que l'odeur de ses perfections, & corporelles, & spirituelles, n'attire à sa suitte, à sa poursuitte beaucoup de personnes signalees en biens & en vertu; bien que cet honorable dessein fust autant fertile en desirs, que sterile en esperances. Son extreme ieuneſſe qui n'eſtoit que de douze à treize ans, ouuroit la porte à ces recherches, comme ſi ne pouuant eſtre Religieuſe que de quelques annees, ſelon les ordonnances de la regularité, ce rocher de conſtance euſt deu eſtre pendant cet interuale eſbranlé par les vagues des vaines perſuaſions que le monde ſuggere : toute ieune qu'elle eſt, ſi eſt-ce que comme elle a aſſez de iugement pour meſpriſer le ſiecle, elle a aſſez d'eſprit pour recognoiſtre l'ardeur de ces pourſuiuans; mais ce ſont des flots contre vn eſcueil, qui, ferme se rit de leurs vaines attaintes. Si la rencontre de quelque compagnie l'oblige par l'ineuitable loy de la necessité de prester l'oreille à quelque protestant de seruice, ce sont de foibles impressions pour son cœur, que sa resolution efface incontinent de son souuenir, la memoire de ces discours s'esuanouyt auec le son. Le vent emporte ces paroles.

Mais la Prouidence celeste qui la faict mieux parler qu'elle ne pense, & qui veut que comme elle proteste de suiure les pas de sa mere, elle passe ainsi que Sofronie pas l'eſtamine d'vn Mariage autant heureux en ſa petite duree, que deplorable en ſa briefueté, auant que de paruenir au port deſirable de la ſaincte Religion, ſuſcite parmy ſes pourſuiuans le genereux Chryſanthe, en qui les merites & les vertus d'Achate ſembloient tranſplantées par vne veritable Metempſycoſe. Mais nous luy deſroberions vn manifeſte aduantage, ſi nous ne diſions que comme les regions plus voiſines du Soleil ſont les plus aromatiques, auſſi la proximité du grand Theophile dont ce Gentilhomme eſtoit le cher nourriſſon, l'enfant bien-aymé de ſon cœur, & ſon parent tres-proche, auoit imprimé en cét eſprit des traicts de pieté & de deuotion incomparablemét plus notables, qu'il n'en paroiſſoit en l'ame d'Achante, qui nourry à la Cour la plus meſlee du monde, auoit comme vn Alphee trauerſé ces eaux ameres & corrompuës, ſans alterer ſa foy, mais auſſi ſans en rapporter plus de pieté qu'il n'y en auoit porté. Ce parent de Theophile, que ce parentage outre les autres belles parties qui le rédoient recommendable, releuoit de beaucoup par deſſus ſes cópetans, fit ouurir l'œil à la ſage Sofronie, qu'elle n'auoit daigné ietter ſur aucune autre, plus deſireuſe de ſa fille pour Dieu, & pour ſoy, que pour autruy. Theophile, qui comme ſainct Ambroiſe ſe meſle fort peu de Mariages, & parce que cela n'eſt pas cóforme à ſa condition, & parce que ceux qui s'embarraſſent dans ces traictez, bien que ſacrez & legitimes, ſe rédent par leurs conſeils aucunemét reſponſables des euenemens, preſſé, ou pluſtoſt oppreſſé par les ſiens de rendre ce bon office à celuy qui le touchoit de si prés, que dé-tenter pour ce project la volonté de Sofronie, à laquelle celle de Darie estoit inuiolablement attachee: il luy aduance donc ce propos, auec mille protestations, que l'ascendant qu'il auoit en sa creance n'offençast en rien la liberté de sa franchise, n'alterast aucunement sa resolution, & moins encores celle de sa fille. Sofronie, à qui le regard de Chrysante auoit donné quelque esgard de ses vertus, & vne inclinatió particuliére d'aggréer son dessein, creut que cette proposition faite par vn Ange ve-

noit du Ciel, & que ce seroit
contreuenir à l'ordonnance
d'enhaut que d'y contredire:
elle y porte donc son consentement, auec vn contentement qui ne se peut exprimer, car sa raison meslee auec
son sentimét la combla d'v-
ne extreme liesse: elle estoit
mere, & en qui la chair, & le
sang faisoient de grádes impressions pour ses chers enfans: cette alliance a vne ar-
riáce secrette auec son cœur,
& y met vn aduocat inuisi-
ble, qui sçait si aduantageu-
sement luy depeindre Chry-
sáthe, qu'il efface le lustre des
autres partis, & par la volon-

té de la mere luy obtient la possession chaste & legitime de la fille. L'ombre d'Achante luy sembloit consentir à ce traicté, & luy dire que sa fille luy deuoit ce gendre. Ce mariage est conclud, tous les parens de part & d'autre en font vn ioyeux applaudissement, Theophile lie ce sacré nœud, que la seule mort pouuoit dissoudre. Que dittes-vous, Darie? cela seulement, Que vostre mere tient en ses mains les reigles de vos volontez, que comme vous ne voyez que par ses yeux, vous ne parlez que par sa bouche, vous ne iugez aussi que par son iugement: ainsi font les filles bien nees, & celles principalement à qui l'extreme ieunesse rauit la cognoissance, qui ne vient que par l'experience des diuers accidens qui suruiennent au cours de la vie. Elle vit Chrysante durant sa recherche, mais comme l'on voit ce que l'on ne regarde pas, car si elle eust consideré cette grace florissante & doree que Chrysanthe possedoit en effect comme de nom, sans doute elle en eust esté esblouye, & elle en eust perdu & le souuenir de soy-mesme & la memoire de ses resolutions enfantines

& feminines. Mais les filles bien esleuees ne sçauent pas regarder fixement ce qu'elles ne peuuent pas encor affectionner determinémét: leur cœur est la mesme indifference : Aussi les plus indifferentes aua. le lien sacré qui les abandonne à la possession d'vn mary sont les moins differentes & inegales quand ce nœud est serré; car comme leur esprit n'a iamais eu qu'vne impression, elle leur demeure aussi pour tousiours, & à la mort, & à la vie. Darie est vn rare exemple de cette verité, car ne se souciant pas de Chrysantho-

auant qu'il fuſt à elle, elle ne se soucia iamais d'aucun autre apres qu'elle fut à luy: alors luy eſtant permis de l'enuiſager, elle vit vn object qui en auoit faict souspirer beaucoup d'autres, & qui les fit murmurer de voir vne eſtrangere (comme diſoit leur enuie) emporter ce que leur patrie auoit de plus ſingulier. Ie laiſſe volontiers aux plumes affettees de ce ſiecle, dont le langage mol & fardé s'amuſe à repreſenter en des ſujets folaſtres & prophanes des vaines & periſſables beautez, à coiffer vn Hercule en Helene, à vestir vne modeste Liuia en vne licentieuse Iulie, pour entretenir de minces esprits? C'est dommage que leurs paroles certes florissantes ne sont employees à la gloire de la Verité plustost qu'au seruice de la Vanité. La Beauté est certes vne chose dont tout le móde parle, que chacun admire, & que ie ne cognois point. Commét voulez-vous que tombe sous ma plume ce qui ne tóbe pas en mó imagination? moins celle de Darie que toute autre, comme telle que ie ne vis iamais que comme l'on voit ce que l'on ne remarque pas. Si est ce que la relatió des yeux plus curieux, & le recit de tout le monde la depeignoit cóme vn beau iour naiſſant, qui promettoit de grands eſclats en ſon midy. Mais comment eſtimeroit vn boutton celuy qui ne peut priſer la paſſagere fraiſcheur des roſes plus eſpanouyes? l'ay veu Chryſanthe, & i'ay veu en luy vn des accomplis Gentils-hommes que ie vy iamais; l'or eſtoit en ſes cheueux, la neige Alpezane en ſon teint, l'azur en ſes yeux, le cinnabre en ſa bouche, la palme en ſa taille, vn fleuue d'or en ſa langue, des charmes ineuitables en ſa conuersation; le ris & la douceur estoit en ses discours, la grauité & la modestie en son port, l'honeur en son maintien, toute grace sur le front, toute valeur dans le courage; & si la pieté ne l'eust rendu chaste, cette glorieuse forme estoit capable de ruiner la pudicité des moins considerees. L'on ne vit iamais tant de vaillance auec tant d'attraicts, toute fierté dans les armes, toute humilité dans la paix. Benefices incompatibles, qualitez inaccostables en tout autre subjet qu'en Chrysanthe, qui auoit enté ces prodiges en son naturel. Nous

Nous sçauons des traicts de son incomparable honnesteté & pureté, qui doiuét bien peu aux plus memorables exemples des anciens, dont ie pourrois beaucoup enrichir ceste Histoire, si elle n'estoit plustost faite pour Darie qui fut sienne, que pour luy, qui fut à elle sous les diuines loix de ce Sacrement qui est si grand en Iesvs-Christ & en son Eglise. Ie n'ay point d'assez bonne ancre pour descrire dignement les saines affections de ces chastes creatures. Que ce qu'assemble le Ciel est heureusement conjoint, que les

Mariages sont miserables qui se trouuent fondez sur des considerations terrestres, plus fresles que les roseaux agitez des vents: toutes ces societez où l'interest des richesses, où la trópeuse beauté, où la vanité de la grandeur, où le support de l'alliance, donent le motif, sont bien tost dissipees: la seule Vertu, exempte de tout meslange caduque, est capable de lier vn nœud d'vne estreinte eternelle, plus forte que le Gordié à qui le temps ne peut estre Alexandre. Ie ne sçaurois mieux representer la felicité de cet Hymen, que par celuy de Sofronie & d'Achante, car iamais fille ne fut si semblable à sa mere, iamais gendre n'eut tant de conuenance auec son beaupere : celuy-cy la fleur des Eduenses, celuy-là des Sebusiens.

Cependant le temps, Pere des hautes entreprises, faict esclorre à la gloire du Ciel le religieux dessein de Sofronie. Dieu propice à ses vœux, inspire Theophile de condescédre à ses prieres. Grand nombre de nobles filles de Segusie s'estoit ramassé autour de cette Marthe, pour pratiquer la vie deuote sous l'ombre de ses aisles. Où estoit le corps de cette veufue, hoste d'vne si belle ame, là s'assembloient ces Aigles genereuses, resoluës de faire quant & elle essor vers la perfection. Mais que de regrets, que de souspirs, que de larmes, quand de toute cette troupe deux seulement furent esleuës par la prudente Sofronie, pour ietter auec elle les fondemens de sa Congregatió, Nous laissez-vous, disoiét les autres, nostre chere mere, à la mercy des loups rauissans, dont le monde est remply? que deuiendrons-nous quand le Cloistre nous rauira voſtre conuerſation ordinaire? En quoy nous auez-vous trouuees degenerees? qu'auons-nous faict qui nous face iuger indignes de vous ſuiure en ce beau deſſein? le monde ne nous eſt rien, voulez-vous que nous ſoyons quelque choſe dedans le monde: ſi nous ſommes contraintes d'y reſter, ce ſera pour plorer noſtre demeure; nous y demeurerons à regret, comme des ſimulachres vains, qui n'auront point d'yeux pour regarder ſes vanitez, point d'aureilles pour ouïr ſes ſornettes, point de mains pour le ſeruir, point

G iij

de pieds pour courir apres des pretensions si miserables que celles qu'il propose pour esblouyr les yeux des inconsiderees. Esprouués au moins si nous sommes des Aiglons ignobles, incapables de regarder l'astre brillant de la perfection; experimétez nos courages, essayez nostre patience, nous mourrons bien tost, si nous ne viuons auec vous. Ainsi disoient ces esplorees: Mais la sage Sofronie temperant leurs regrets par ses gratieuses paroles, & charmant leur ennuy des belles promesses de les receuoir, quelques iours apres son establissemét fit entrer dans les playes de leurs cœurs, qui sembloient incurables, les ingrediens d'vne insensible cósolation: l'esperance differee afflige l'ame, mais aussi l'esperance resiouyt quand on est asseuré que ce qui est dilayé n'est pas entierement perdu. Nous allons deuant, disoit-elle, mes cheres filles, & vous nous suiurez, nous allons comme des espies tenter l'entree de la terre promise, pour vous en faire le rapport, & vous rendre asseurees que le laict & le miel coule dans le terrein de la saincte Religion. Attendez-nous

G iiij

comme les seruiteurs d'Abraham, & comme Israël au pied de la montagne, tandis que nous y montons pour offrir à Dieu nos corps, & nos cœurs en sacrifice, ces hosties viuantes qui luy sont agreables par vn seruice raisonnable, & receuoir sa saincte loy dans les espines, & les feux des mortifications. Permettez que comme des Leuites, nous entrions les premieres dans les eaux du Iourdain, pour y esleuer vn tas de tesmoignage: que sous l'escorte d'vn Ange nous allions en Rages, d'où nous vous rapporterós mille graces: Nous ne sommes que vos auant-courieres, vn iour viendra que vous nous suiurez, mais vn iour viendra que vous nous deuancerez en cette lice, & que nous cóbattrons toutes en mesme milice soubs l'estendard du Crucifié. C'est là que de plus grands combats vous attendent, si vous attendez auec patiéce le Salutaire de Dieu. Ainsi animoit ses futures championnes la valeureuse Sofronie, qui entre ce pédant en sa closture vn iour de la tressaincte Trinité, auec vne pompeuse ceremonie, où le grand Theophile Pontifiant avec tout son Clergé fit paroistre son Eglise terrible comme vne armee en bataille, mais plustost comme cette Sulamite militante & pacifique qui n'admet en ses rangs que des bataillons de Choristes, des Chœurs de combattans. Vous eussiez veu comme au passage de la mer rouge, qu'en chantant ce beau Pseaume que recita Israël à la sortie de l'Egypte, ce Moyse conduisoit les hommes, tandis que Sofronie menoit son petit troupeau feminin, ainsi que la sœur de ce Legislateur des Hebrieux soubs l'estendard de Marie. Iamais les Semines ne virent vne plus glorieuse solemnité: Theophile resplédissant comme vn Ange y officia deuotement, & y harangua si efficacemét, que les cœurs de pierre en furent fendus: & au lieu de mettre cette Religion dedans sa ville, il pensa mettre toute sa ville dedans cette Religion. Puissant effect de la saincte parole! O Seigneur, c'est par elle que vous auez affermy les Cieux, toute leur vertu dependant de l'esprit de vostre bouche. Ce ternaire sacré fut consacré à la Trinité saincte. Le sçauant Fabrice Segusien qui autrefois auoit presidé en la Iustice des Semines, & qui maintenant pour ses dignes merites preside à ce fameux Senat des Sebusiens, la gloire de la Iurisprudence, ce Papinian ressuscité, qui rappelleroit les loix du tombeau si elles estoient ensevelies, comme du temps de Nehemie: ce docte personnage qui fait la loy aux plus fameuses Vniuersitez, où les enigmes des loix se déuelopent, & qui a remply le volume du mode d'vn monde de volumes; ce Iuge dont le nom fauorable promet vne faueur qui ne se trouue point en luy en termes de Iuſtice, & qui fait paroiſtre aux traicts d'vne inſigne deuotion, à laquelle la lõgue conuerſation de Theophile n'a pas peu cõtribué, que la Pieté & la Iuſtice diuiſees en ce ſiecle malicieux ne ſont pas inaſſociables. Cet homme eſt pere d'vne fille vnique, que nous appellerons Angelique, les lettres de ſon nom renuerſees, non changees; laquelle renonçant à l'heritage des biens, non pas des vertus de Fabrice, fut iugee capable de ſeconder Sofronie en ſon project, auſquelles fut donnee pour adjointe vne ſage fille appellee Carline, sans desguiser autrement son nom, d'extraction fort noble du pays des Eduenses, esleuee de la sçauante main de Sofronie, & qu'elle aymoit comme son propre enfant; vn esprit beau à merueilles, vne ame bonne au possible. Voila les trois fondemés de nostre edifice iettez. De toutes parts on commence à regarder ce nouueau dessein: le diable en dépite, l'enfer en éclate, le monde en murmure, chacun en dit son aduis; on accorderoit plustost les horloges que les differentes opinions: les humeurs du siecle sont plus incósta ;es que les flots de la mer, plus variables que les couleurs du poulpe: Mais la Lune ne craint pas la morsure des loups: la gresle fait profiter le saffran: & l'humilité de ces seruantes de Dieu s'espand d'auantage plus elle est foulee. Ceux qui veulent cueillir les roses & recueillir le miel se doiuent resoudre aux poinctures des espines, aux picqueures des esguillons. Il n'est point de Moyse sans murmurateur, point d'effusion de parfum que les Iudas n'en grondent, point de Dauid sans vn Saul qui le persecute, point d'Abel sans vn Cain, point de

Soleil sans ombre. Nostre Ternaire en moins d'vn rien triple triplement: que dis-ie, ce grain de froment esleu deuient vn monceau enuironné de lys, & ce tas fructifie au centuple. Cette saincte Congregation (pour cótenter en passant la iuste curiosité de celuy qui pourra lire ces lignes) prend la saincte Vierge Marie pour patrone, pour tiltre ce mystere qui mena la sacree Mere de Dieu chez sa cousine Elizabeth, pour fondement de Religion la Reigle de sainct Augustin, pour addresse particuliere des Cóstitutions, ou des Reiglemés dressez par le sage Theophile, & approuuez par le sainct Siege Apostolique, pour Superieurs les Pasteurs Diocesains, pour Directeurs ceux qui sont commis à cela par l'Ordinaire. De toutes parts l'odeur excellente de ce cháp flory de vierges & de veufues se va respandant, & de toutes les Prouinces circonuoisines à la Sebusie, & à la Segusie, comme de celles où regnent les Dauphins & les Lyons : celle dont les Romains firent autrefois vne Prouince de cette Comté ancien heritage du Roy des Indes, & à qui la franchise donne le nom qu'elle possede en effect : arriuent des esseins nouueaux, qui veulent contribuer leur miel à cette nouuelle ruche. Cette maison des Semines est pleine iusques à regorger, & Sofronie qui a laissé deux filles dans le siecle, se voit en vn moment mere d'vn bien grand nombre, cette gent se multiplie, la ioye en est magnifiee, la ruche redonde, il faut faire de nouueaux jettons: de tous costez on demáde de ces petits vermisseaux, autrefois l'opprobre du monde, & le rebut du peuple, parce qu'ils filent de fort belle & fort

DE DARIE. 163
deuotieuse soye. Cette ville ancienne qui se rend redoutable par le nom du Roy des quadrupedes, fut la premiere à accueillir en ses bras charitables ces mouschons d'abeilles, que l'on appelle Nymphes. Icy se trouue verifié l'enigme du Lyon de Samson, car ces auettes viennent faire leur miel dedans sa gorge. De là l'on passe à cette delicieuse ville capitale du pays de cette race, qui tient maintenant le Sceptre des François. Depuis on fait vne mission en cette belle ville illustree d'vn Senat tres-auguste, que l'Empereur Gratian

fit bastir sur le courant de Lizere, où le grand Theophile promoteur de ces pieux desseins, a faict paroistre la profondeur de son sçauoir dans la douceur de son bien dire. Cette compagnie se dilate en cette renommee Cité, qui seule en nos Gaules a le tiltre de Patriarchale, où le frere de Sofronie tient en main la double Croix. Il ne faut pas que la ville de la naissance de ceste sage Dame soit priuee du fruict de ses peines: aussi en est-elle heureusement partagee au grand contétement des Eduenses. Dirois ie les lieux où ces abeilles myſtiques ſont appellees, coüiees, deſirees, ie dirois la ſeconde cité des Gaules, aſſiſe ſur le milieu du cours de la Garonne, de qui le faux or ne fut iamais ſi celebre que l'eſt maintenant le pur or de ſa pieté & Religion, exempt de tout billó d'hereſie : ie dirois cette autre qui preſide à vne natió qui ne cede à perſonne, qui plantee ſur le Bord des Eaux de ce meſme fleuue, le voit engouffrer dans la vaſtitude de l'Occean. Ie dirois celle où reſide le ſçauant Senat de cette Comté, qui les appelle auec autát de franchiſe comme elle est franche. Ie dirois la capitale de Neustrie qui tire son nom d'vne Roüe. Ie dirois cette belle ville qui reside au milieu du long cours de la Loire, si renommee par cette fameuse Pucelle qui redonna la France à elle mesme, repoussant par la valeur d'vn bras aydé du Ciel, ces peuples maritimes qui l'occupoient dans leur Anglet de terre. I'irois à l'infiny : car tout le monde doit desirer ce qui edifie tout le monde. En fin ceste celebre Cité qui se recognoist comme le Phenix par le nom d'vnique, l'a receuë en son sein, & promet d'y faire vn Seminaire qui estendra les pampres de cette fructueuse vigne de la mer de Leuant à celle du Couchant. Iusques icy m'a porté l'estenduë de cet Institut d'vne nouueauté ancienne, puis qu'il ne renouuelle que les enseignemens du glorieux sainct Augustin. Que seroit-ce si i'en descouurois les singularitez que i'ensueulis dás le tombeau de la modestie. Aussi bien ces vertus sont au dessus de nostre admiration, & leur merite au dessus de nos paroles.

Mais où auons-nous laissé Darie, tandis que Sofronie

travaille avec tant de solicitude à la vigne de son celeste
Espoux? Vous dormez, Da-
rie, dans l'aise d'vn nouueau
mesnage, aymante & aymee
par dela ce qui se peut penser : helas! vous estes fort
vnie de cœur, & de volonté à
celuy à qui le Ciel & vostre
consentemét vous ont don-
nee: mais que dis-ie, ô que
ie vous voy diuisee, il est ainsi, puis que l'Apostre le dit de
la femme deuote, & mariee:
admirez le fil des belles destinees, ou plustost le cours
de la Prouidence d'enhaut,
car si vostre Mariage n'eust
precedé cet Institut, c'en
estoit

estoit faict, iamais Chrysanthe n'eust possedé tant de
merueilles, ses poursuittes
eussent esté vaines, & ses feux
enterrez sous la cendre d'vn
eternel oubly. O Dieu! vous
vous fussiez trouuee à quelque prix que c'eust esté la
troisiesme de ce ternaire, ou
pour le moins vous en eussiez faict vn quaternaire: vostre volonté, & celle de Sofronie conspiroient à ice-
la. Mais que sçauez-vous à
quoy le Ciel vous reserue? La
maison de Chrysanthe estoit
si voisine de cette ville des
Semites où Sofronie regen-
toit son Religieux troupeau
H

soubs la direction de Theophile, qu'elle se pouuoit rendre en quatre heures auprés de sa chere mere: cela la console, & encores plus, la permission qu'elle a d'entrer dedans cette closture impenetrable à toute autre. Chrysanthe est aymé de son Prince, qui faict sa residence ordinaire en cette delicieuse Prouince, l'œil de l'Italie, la fleur de l'Europe, assise au pied des monts Alpezans, Prouince arrosee de ces eaux cristallines, qui découlent de ces cimes chenuës, & qui la rendét si fertile, & si belle, qu'elle est vne image du Paradis terrestre. Il va souuent à sa Cour en cette Cité, si iustement niuellee, qu'on la prendroit pour vne seule maison, Cité qui tire son nom des influences du Taureau celeste, Cité maintenant l'enchasseure de la seconde perle de nostre France. Et durant ces interualles d'absence, qui sont autant d'eaux qui enflamment d'auátage les sacrez feux que ces chastes Amans nourrissent en leurs ames, il ne faut pas demander où Darie faict sa retraicte; cette vicissitude réd cette ieune femme vrayement partagee, comme dit l'Apostre, entre Dieu & son

Espoux; tantost les affections maritales succedent aux maternelles, tantost les maternelles cedent aux maritales; les vnes cuisantes, les autres luisantes; les vnes paisibles, les autres empressees: au mesnage c'est vne Marthe, au cloistre c'est vne Marie. O Darie, quand sera-ce que vous serez libre pour choisir la meilleure part! O Seigneur, deliurez la du sang, & sa langue exaltera vostre justice. Elle ne se plaint pas de ces beaux liens dont vous l'auez enchaisnee à vn obiect qu'elle ayme & honore en vous comme sa propre vie:

mais si vous les rompez elle vous en sacrifiera des hosties de loüange. O Dieu, n'est-ce pas cecy pratiquer à la lettre ce que dict l'Apostre, Que ceux qui ont des femmes soient comme n'en ayans point: car la figure de ce mode passe. Ce mariage si remply de benediction, selon le destin des belles choses qui comme les lys trouuent leur fin en leur naissance, ne dura gueres plus que la moitié d'vn lustre, & ce peu de téps encores fut partagé en de logues & fascheuses absences, necessitees par le sort des armes, qui obligeoit Chrysante de se trouuer à toutes les occasions où le seruice du pays & du Prince luy faisoient acquerir de l'honneur par le prix de son sang. C'estoit au temps que le Duc des Allobroges, la valeur de ce siecle, disputoit l'anciéne succession des Paleologues, qui tire son nom des motaignes pierreuses & ferrees qu'elle a dans son estenduë, auec ce Duc qui tient son throsne en la ville natale du fameux Virgile: Toute la Chrestienté se mesla de ce differét: le grand Pontife Romain & l'Empereur d'Occident en furent les arbitres, les deux Coronnes des Gaules & d'Iberie les mediatrices; & ce courage inuincible, race des vieux Saxons, qui tient les resnes de la Segusie, rengea à vne paix honteuse ceux qui auec leurs mõstrueuses forces ne pouuoiét venir à bout de sa valeur. Ce fut en ces exercices que nostre Chrysanthe fit tant d'armes qu'il s'acquit vn nom qui ne mourra iamais en la memoire de la posterité. Mais que la loy de l'honneur est rigoureuse, qui fait non seulement abandonner les ayses, mais prodiguer la vie à la mercy de mille hazards. Douce estoit celle des anciés

H iiij

Israélites, qui exemptoit les nouueaux mariez des guerres plus sanglantes, pour ne confondre point les lauriers auec les myrthes. Imaginez-vous en combien d'apprehensions Darie deuoit passer les tristes iours qui la separoient de son Chrysanthe, puis que par la grandeur de son courage elle deuoit iuger combien il aymoit le peril qui est si redoutable aux ames moins genereuses. Sans l'assistance de sa mere qui la consoloit en ses angoisses, & sans le repos de ceste religieuse Congregation où elle se retiroit durant tout ce temps-là, elle eust sans doute filé vne vie languissante, pire que mille morts. Que si iadis vne chaste Laodamie absente de son espoux Protesilas, que le tourment de l'ambition transportoit à chercher de la gloire dedans l'horreur des armes, passoit tout ce temps-là en frayeur, & en crainte, retiree, & enfoncee dans vn solitaire cabinet, imitant les trauaux de son mary, au mespris des paremens qu'elle ne prenoit que pour luy plaire; Estimons-nous que nostre Darie qui aymoit comme plus sainctement aussi plus fortement,

H v

en fit moins, se plongeant dans vne solitude pour prier Dieu qu'il conseruast celuy qui tenoit à honte la conseruation de soy-mesme, preferát vne glorieuse mort à vne paisible vie. Ces attifets qui ne sont que pour les affetees, ces ornemens que l'on a raison d'appeller en termes de droict, le monde feminin, puis qu'ils ne sont passionnément desirez que par les femmes mondaines, esclaues de la vanité, estoient aussi bien qu'à Esther en horreur à nostre Darie, qui dedans ces lieux reguliers esfaçoit le lustre de la regularité mesme, par la simplicité de ses vestemés. Mais quand il faloit rep.endre ces parures conuenables à sa condition, quel supplice luy estoit-ce que pour cóplaire à deux yeux elle fust contrainte de se faire admirer par tout le monde. Si iamais vous auez veu estinceller le Soleil apres auoir creué l'espesseur d'vn nuage qui rebouchoit ses rays despitez; si iamais vous auez veu la terre en la saison de la primeuere reprendre par la presence de cet astre les fleurs qui la rédent si belle, vous auez veu Darie, que l'absence de son astre auoit renduë pareille aux arbres que l'Hyuer effueille, l'image de la mortificatió, renouueller les traicts de sa face, & comme reffufciter par son retour. Vn demy luftre, qui eft tout le cours de son Mariage, se passe ainsi en ces flux & reflux de la mer du monde, en ces allees & venuës deçà & delà les monts: tellemét que qui voudra exactement fupputer les iours qu'elle a poffedé la prefence de son Chryfanthe, trouuera qu'ils ne paffent de gueres ceux que le Soleil employe à visiter vne fois les douze manfions de l'efcharpe des Cieux.

O auec combien de verité a dit vn sage Ancien, Que si nous r'appelliós à bon cópte nos annees, & que nous voulussions en détraire ce que le sómeil qui nous rauit la moitié de nostre aage, ce que les maladies, ce que les procés, ce que les afflictions, ce que les affaires, ce que les voyages, ce que le ieu, ce que les compagnies, ce que tant d'autres friuoles amusemens nous en desrobent ; nous nous trouuerions des enfans, bien que les cheueux blács nous donnent assignation au tóbeau. O Darie, qui pesera dás vne iuste balance (comme Iob desiroit que fussent ses fautes & ses douleurs) tes ennuis & tes ioyes, tes contétemens & tes apprehensions, trouuera que pour vne rose, tu as recueilly mille espines, & que la passagere possession d'vn si accomply Cheualier que Chrysanthe, t'a esté bié cherement venduë. Qui te dira mariee, comme ne l'ayant point esté, n'offencera point la verité, qui paroist si clairement en cette Histoire. Tel fut le courant des iours de la vertueuse Darie, s'il faut appeller iours ce qui a esté accompagné de tant de lógues nuicts, de tant de fascheux ennuis, & obscurcy de si frequentes eclypses: ainsi Dieu conduit ses esleus, afin qu'ils vsent du móde, comme n'en vsant point, & qu'ils ne prénent de ses biens qu'en courant, comme les chiens du riuage du Nil, qui ne boiuent les ondes de ce fleuue qu'à gorgees interrompuës. Iusques icy, si nous n'auons pas veu de grandes felicitez, aussi n'auós-nous point esté abreuuez du fiel de grandes infortunes: le cours de nostre discours a esté calme & tranquille: nous auons flotté doucement, & sans rencontrer des escueils. Mais il est temps que nous entrions dans les tempestes & les orages, & que ma plume plus noire de ma douleur que de son ancre, trace sur ce papier apres vne deuotieuse vie vne douloureuse, mais religieuse mort. Ces belles plantes plus fraisches & florissantes que durables, dont cette terre de mort estoit indigne, doiuét estre bien tost transplantees dans le solage des viuans. Ces astres trop brillans pour la terre doiuét estre adioustez à la belle ourse des mariniers ou à la coronne d'Ariadne dans le Ciel pour y reluire cóme de claires estoiles en des perpetuelles eternitez. C'est ce que vous va representer le reste de cette Histoire, si vos larmes par anticipation n'effacent point les lignes qui recitent vne separation si deplorable.

Fin du premier Liure.

LA MEMOIRE DE DARIE.

LIVRE SECOND.

PVISQVE nous commençons de mourir lors que nous cessons de viure, nous pouuons bien prédre le principe de la mort de Darie à ceste derniere absence, où elle presagea si certainement la priuation absoluë de son Espoux, comme vous entendrez. C'estoit au temps que la Couleuure de Milan auoit entrepris d'engloutir l'enfant qui sortoit de sa gueule: & que ce grand Lyon qui deuore tout qu'en effect qu'en idee, qui tient desia tant de terres soubs sa domination, qu'elles s'estendent par tout le rond de l'Vniuers que le Soleil esclaire, & qui tiédroit toute la Chrestienté soubs sa patte, si le Salomon pacifique, qui est assis sur le throsne des Lys, ne tenoit cette ardeur en eschec, & comme arbitre de l'Europe ne balançoit cette puissance. C'estoit, dis-ie, au téps que ce terrible Lyon, mais terrible sur tous les Roys de la terre, faisoit semblāt d'ouurir la gueule vers le pied des monts Alpezans, apres auoir aualé, ou au moins rangé à sa mercy les Montagnes ferrees. Mais le vaillant Duc des Allobroges, la fleur des guerriers de l'Vniuers, qui sçait comme vn Ichnennon se defendre des Crocodilles, aussi grand de courage que son aduersaire de puissance, se resoult à la defensiue & à vendre sa despoüille bien cherement. Certes comme les mousches qui font le miel sont celles dont la piequeure est plus viue; aussi la consanguinité qu'il a auec ce redouté Monarque luy rend ces atteintes plus sensibles. C'est ce qui faisoit dire à Dauid se plaignant de la reuolte d'Absalon, que si son ennemy l'eust attaqué il l'eust souffert auec plus de patience, mais que d'vne personne vnanime, si proche, si chere, & si considerable, les blesseures estoient cruelles. A quoy dóc, disoit ce genereux Prince, seruira mon alliance qui a produict les plus beaux fleurons de l'Vniuers, & sur qui tout le monde contribuë autant d'admirations que de loüanges? Sera-ce comme le lierre qui ronge la muraille où il s'attache? Sera-ce la societé du Lyon qui prend tout pour soy? Sera-ce l'affinité de Saturne qui deuore sa propre race? Sera-ce comme le poulpe qui se mange les bras? Cette plume d'Aigle veut peut-estre ronger les autres: Ie suis aussi vne plume de l'Aigle Imperiale par mó ancien estoc, nous verrons qui s'entremangera. Or vous remarquerez que les Estats de ce Prince sont posez de la sorte qu'ils seruent de rempart & de barriere aux redoutables puissances de ces deux grands Monarques, les deux yeux, les deux bras, les deux arcs-boutans, les deux poles de la Chrestienté ; & qui bien vnis feroient capables de partager tout l'Vniuers. Les considerations que l'on appelle raisons d'Estat, appellent ces deux Roys à la conseruation de ce Prince, chacun ayant vn fort grand interest de l'auoir pour allié. Ce Fils d'vne Perle de France a des enfans que le sang de leur Mere appelle à la Coronne d'Iberie, & qui depuis ont emporté, par vne aliance honorable, le second Lys de nos Gaules. De sorte qu'il qu'il semble que l'vne & l'autre Monarchie, par vne emulation d'Estat conspire à la grandeur de la Couróne des Allobroges. Quand les Lys se sont autrefois espanchez sur les Alpes, le Lyon s'est opposé au passage de ces rauissantes Fleurs dans la belle Italie: Maintenant que la face des affaires est changee, & que le Lyon arme ses ongles à la proye, les Lys à grosses troupes accourent au secours de leur Allié. Le flambeau de la guerre s'allume, & Chrysanthe qui n'a que les combats dans l'imagination, & dont les Myrthes sont suffoquez à l'ombre des palmes, vole à cette occasion fatale à son pays, auec la fleur de la Nobleſſe des Sebuſiens, laiſſant aux caſaniers le ſon de l'arriere-ban ; les Gaulois y roulent à groſſes flottes, l'extreme neceſſité appelle l'extreme ſecours des extremitez de l'Allemagne ; ceux qui ſont picquez du ſerpent de la Gloire regardent la couleuure d'azur entortillee à la Croix blanche. C'eſt ſous l'eſtendard de cette Croix au fonds rouge, ou de gueule, que chacun ſe promet d'eſcrire ſur le parchemin du dos de ſes ennemis, auec vne plume d'acier, les caracteres eternels d'vne memorable valeur. Chrysanthe qui prenoit la fureur de ce trouble par la grandeur de l'aduersaire, qui faict ployer l'vn & l'autre element soubs la multitude de ses combattans, ne se promet rien mieux, que de clorre par vne glorieuse mort le cours de sa vaillante vie. Son desir ardant est vne froide crainte dans le cœur de son Espouse, tãt d'appreft la transissent d'effroy, son esprit ne presage que du mal, & son genie, comme augurant les derniers accez de ses plus douces affections, luy donne des excez pitoyables. Chryfanthe mefme (tant leurs aftres eftoient iumeaux & vniformes) sent côme auoifiner les derniers periodes de fa vie. Mais comme celuy qui ne vit iamais la peur, & qui s'eftoit rendu familier le vifage affreux de la mort en tât d'horribles rencontres, il penfe que ce font les tendres reffentimens qu'il a pour Darie, qui luy donnent ces fremiffemens. Mille fois en leur vie ils auoient iuré par leurs plus ardantes flammes, que leurs cœurs ne brufleroient iamais d'autre feu, que de celuy qui les confommoit efgalement par vne reciprocation toute saincte; & Darie qui souspiroit apres l'estat Religieux, que le Mariage luy auoit rauy, auoit nó seulement resolu, mais protesté maintefois au Ciel & à la terre, que si elle suruiuoit Chrysanthe, elle ne seroit iamais autre que seruante du Crucifié, sçachant que son Phenix ne pourroit auoir de successeur en ses cendres. Cóbien de fois auoit-elle desiré qu'vn sainct diuorce les eut separez, pareil à celuy de S. Bernard, de la maison qui tire son nom de l'extremité de la face, que Chrysanthe tou-

I iij

choit de parenté, & de la chaste Yolante de cette autre maison, qui donne le nom à vne vallee où coule le laict & le miel, & qui est à l'embocheure de ce fort admirable, que l'on appelle le Mont-emmiellé, deux familles celebres & illustres parmy les Allobroges, qui se confinerent volontairement dãs les Cloistres. Semblable à celuy du B. Elzear Côte d'Arian en Prouence, & de la B. Delphine, qui se separerent pour vacquer entierement à Dieu. Elle eust pensé par ce moyẽ retirer son Chrysanthe de l'ardeur des combats à vne vie plus tranquille, comme plus solitaire; & se deliurer de tant d'inquietudes qui la trassissoient. Elle l'auoit desiré, mais la generosité de Chrysanthe luy en rauissoit l'esperance. Elle auoit bien eu le courage de le proposer: mais comme Chrysanthe auoit assez d'affection pour luy iurer inuiolablement de ne brusler iamais d'autre feu que du sien; aussi n'auoit il pas encores assez d'amour de Dieu pour se resoudre aux austeritez de la vie religieuse. Mais à ce dernier voyage, par ie ne sçay quelle influence ou inspiration puissante, cette pésee fut admise de son cœur, cœur qui se vit cruellement partagé entre le Ciel & la terre. Où vas-tu, disoit à soymesme ce grand courage, sans doute à vne ineuitable mort: ta valeur te va perdre: que de sang tu as respandu pour la terre, combien peu de larmes pour la consideration du Ciel: que de trauaux as-tu soufferts pour les momens; combien peu de Penitence pour acquerir l'Eternité. Les femmes sont des demons domestiques quand elles nous portent au mal: mais des Anges tutelaires quand elles nous inspirent le bien. Tu ne peux sans démétir l'experiéce douter de l'Angelique perfection de celle que le Ciel t'a donnee pour compagne: tant de tesmoignages t'en font foy, que ce seroit douter de la clarté du Soleil au poinct de son Midy. Certes Adam eut tort de croire sa femme qui le cõseilloit mal: & aussi Pilate de ne croire pas la sienne qui le cõseilloit bien. Dauid se trouua bien du cõseil de Michol, d'Abigail, & de la Thecuite: Assuere de celuy de la sage Esther. Doutes-je que Darie ne ramasse en soy toutes les vertus de ces Dames resti-

culieres. C'est trop tenté la Prouidence de Dieu dans les hazards des armes: vne retraite iudicieuse est aussi honorable qu'vne charge outrecuidée; celle-là tient de la prudence, celle-cy du desespoir. Ainsi disoit l'irresolu Chrysanthe, trop heureux, helas! s'il eust suiuy ce raisonnable party: nous ne souspirerions pas maintenant sa mort precipitee qui a trainé apres soy celle de la pauure Darie, qui le pouuoit suiure, mais non pas le suruiure. Son courage plaidant la cause de sa valeur, oppose à cette saincte proposition mille faux reproches de lascheté & de poltronnerie, luy met deuant les yeux que c'est trahir le pays de le frustrer de son secours en ceste extreme necessité, que c'est ternir honteusemét le lustre de tant de preuues qu'il a renduës de sa valeur, & effacer d'vne esponge d'oubly les caracteres immortels qu'il auoit burinez auec la poincte de son espee dans le temple de la gloire. Ce triste mot, Que dira le monde, renuersa tout d'vn coup en son esprit tant de pieuses idees que la celeste inspiration commençoit d'y imprimer auec vn pinceau de lumiere. Puis qu'il faut mourir, autant vaut terminer ses iours au lict d'honneur, (ainsi appelle la Noblesse le champ d'vn combat) que dedans l'Infirmerie d'vn Cloistre. Souuien-toy, disoit-il à son cœur, que ton pere mourât entre tes bras, te proferoit ces paroles, Chrysanthe mon fils, l'heritier de mon courage, leue-moy, & me donne mes armes, fay retirer ta mere d'icy, car ie veux mourir en soldat; il n'est pas raisonnable qu'apres auoir couru tât de hazards, ie meure dedans vn lict, en la presence des femmes. Cette seule

pensée estouffa en l'ame de
Chrysanthe tous les religieux desseins qui s'estoient
presentez à son esprit, & r'alluma ce brandon de gloire,
qui se vit sur le poinct de son
amortissement: mais comme
il a la conscience extremement bonne, & la sagesse de
Darie vn fort ascendant sur
sa creance: il se prepare à cette guerre comme à la mort, il
a recours à la Penitence, au
sacré Viatique, & se met en
estat de desloger du monde,
quand le grand Capitaine le
retirera de sentinelle. Darie
luy faict vne fidele escorte en
ces exercices deuotieux. Il me

semble que ie voy Isaac & Rebecca, prians à l'opposite l'vn de l'autre, & Tobie auec son espouse Sara chasser auec le parfum de leur Oraison le demon ennemy de leur repos. Mais Raphaël a beau faire, il est arresté au Ciel, que le poisson de la mort les engloutira: & Dieu vueille que son fiel serue à dessiller les yeux de beaucoup de mondains, que la ieunesse abuse en les amusant du fol espoir d'vne lógue vie. Darie voyãt son equipage prest, & que, ny les feux, ny les eaux de ses yeux, ny ses souspirs, ny ses persuasiós, ny ses industries, ne pouuoient retenir ce determiné courage, resoluë, selon sa coustume, de s'aller confiner auec sa mere durant cette absence, que les apparences de la guerre menaçoient d'vne furieuse meslee, & d'vne languissante longueur: Voila qu'elle renouuelle ses vœux en sa presence, de se mettre dans les rangs Religieux de l'Eglise Militante, si le sort des armes emporte son Chrysanthe dans la Triomphante: Non, ditelle, ce fruict que i'ay dans mes entrailles (car elle se trouua lors enceinte de son premier, & vnique enfant) cher gage de nos affectiós sacrees, ne me retardera point en cette entreprise, car bien que l'education de son corps me deuſt quelque temps retenir dedans le ſiecle, ſi vous tombez ſous le fer ennemy, i'ayme mieux employer ſainctement mes iours à procurer le repos de voſtre ame. Cette creature ſera bien difficile à contéter, ſi ce qui ſuffiſoit auec abondance à nous deux, ne la peut ſatisfaire elle ſeule. Chryſanthe picqué au vif de cette proteſtatió, pouſſé d'vn zele vehement, mais raiſonnable, declare que s'il peut reuenir ſain & ſauf de cettre guerre, & voir son Prince en paix, & son pays en repos, il pensera serieusemét aux propositions qu'elle luy a faictes, de se sacrifier volontairement à Dieu, sans attendre la violente separation de cette meurtriere des hommes, qui tranche sans misericorde le fil de toutes les vies. Que dis-ie, i'y penseray, mais il est tout pensé, dit-il, le dé en est ietté, la resolution en est prise, si vous l'auez aussi agreable. O vertueuse Darie, que vous me l'auez autrefois tesmoigné. Darie qui voit naistre inesperément des roses d'vn bien qu'elle auoit ardemment desiré dedans les poinctes les plus cruelles qui trauerserent iamais son ame, ne sçait bonnement si elle veille, ou si elle songe; elle porte la main à ses yeux, pour taster s'ils sont ouuerts, & ayant recognu que veritablement elle veilloit, comme elle estoit aduisée, pour ne laisser tomber à terre vne si belle occasion sans l'accueillir, sçachant bien que les promptes resolutions des hommes sont quelquesfois hommageres de l'inconstance, elle le prend au mot, & le supplie que sur le champ ils aillent consigner ce vœu en depost aux mains du deuot Theophile leur cher Prelat, & leur commun Pere. La fermeté de Darie esbranle celle de Chrysanthe, tát il est vray que les resolutions de pieté sont plus solides au sexe plus infirme. Ils estoient en leur Baronnie de Sentor, assez distante de la demeure de ce venerable Pasteur: le rendez-vous pressoit, il y alloit de la reputation de s'y trouuer à poinct nommé. Mais en fin ces pauures Amans qui ne se reuerront plus en terre, mais bien tost dedans le Ciel, (helas! quelle fiere destinee) concluent, que pour faire ce grád œuure auec plus de prudence, & de côseil, que n'en peuuent fournir les regrets d'vn départ si precipité, & les boüillons moins clair-voyás d'vne ferueur inconsideree, ils se rapporteroient de tout cela au sainct aduis du sage Theophile leur Maistre, & leur Directeur.

Ce n'est point sous ma plume que tombent ces pitoyables adieux plus feints que veritables, plus langagers que sensibles, dont les Romances remplissent leurs pages pour amuser leurs lecteurs apres leur miserable entretien. Ce n'est pas icy qu'il faut respandre des larmes sur les larmes de Darie, & contr'eschanger les souspirs de Chrysanthe auec des sanglots: Reseruons cette liqueur precieuse pour la fin tragique, & neantmoins tres-saincte de ces Amans, qui ne se voyent plus qu'en idee, qui ne se verront plus qu'en esprit. Darie plus proche de son Cloistre s'y lance dés le mesme iour, pour trouuer dans le sein de sa douce Mere le laict d'vne amiable consolation, qu'elle ne pouuoit receuoir d'aucune autre main. Chrysanthe est desia mort par anticipation dans sa pensee: elle ne voit mesme son retour, ce luy semble, qu'à trauers vne grille. C'en est faict, deuotieuse Darie, le monde ne vous est plus que boüe, vous ne croyez rien de plus certain que la mort de Chrysanthe; & bié que vous priez sans cesse pour sa conseruation, & que pour cela vous disiez souuent ce Pseaume que le Psalmiste recitoit en allant aux hazards, Beny soit le Seigneur mon Dieu qui dresse mes mains au cóbat, & addresse mes doigts à la guerre; si est-ce que par ie ne sçay quelle fatale inaduertance vous tomboit ordinairement en la bouche celuy que l'Eglise recite pour les defuncts: singularité remarquable. Les songes mesmes, images du iour alterees par l'ombre de la nuict, vous estonnoient: car tantost vous voyez vostre Chrysanthe tout couuert de poussiere & de playes, tâtost tout baigné dans son sang, tantost à la mercy de ses ennemis, iamais victorieux & allegre. Et bien que les songes ne soient que des mésonges en vostre creãce, si est-ce qu'ils auoient assez de force pour suspendre vostre esprit, & pour allumer vostre imagination. O que le fidele amour est accompagné de soucieuses craintes. En fin ce qui vous estonnoit est que les autres absences n'ont point esté accompagnees de tant d'emotion. Le cœur me bat, la main me tremble, mes sens sont troublez, ma fantasie offusquee, ie fuys tant que ie peux à venir aux playes qu'il me faut descouurir, dont il me faut discourir. Ma plume innocente iusques à cette heure, pourquoy te tremperas-tu dans vne mer rouge pour empourprer ces pages de ces morts ensanglantez ? Mais courage, c'est vn sang innocent,

cent, qui est tiré par la lancette de la diuine Prouidence, qui ne saigne, & ne blesse que pour guerir : C'est vn sang qui n'appelle point de vengeance, mais qui demande misericorde ; c'est vn sang que le meurtre ne flestrit point, mais qui distille comme vne rosee, ou comme vne pluye volontaire de ces belles fleurs, & qui decoule sans incision, sans occision de ces myrrhes esleuës.

Allons donc voir au pied de ces monts tous chenus les veritez dont la seule imagination afflige l'esprit de la recluse Darie. La Couleuure de

Milan faict si bien par ses replis, qu'auant que la protection des Lys (dont l'ombre est mortelle aux serpens) fust arriuee, elle se glisse dans cette belle Cité si celebre, par la saincteté & la doctrine de ce grand Abbé sainct André qui a faict tant de merueilles en son enceinte, & encores plus fameuse par le sçauoir & la pieté de sainct Eusebe son Euesque, qui a respandu son renom par tout l'Vniuers. Il faut que tous les Allobroges meurent, ou qu'ils rentrent dans cet heritage, la clef de leur Estat, le bouleuart de leur Prince, & le rempart de leur Prouince d'outre les Monts. Il n'y faut point aller auec d'autre resolution, que de mourir, ou de vaincre. Aussi la mort qui se campa aux enuirõs de ce siege, plus par la maladie, que par le fer, y fit vn carnage si sanglant, que cette plage se peut desormais appeller vn cimetiere de Gaulois, & d'Iberiens, & le tombeau de la Noblesse des Allobroges: Ceux que le fer espargnoit emmy les hazards des rencontres estoient emportez par des maladies plus cruelles, que les morts violentes. La mort voloit par tout, moissonnoit partout, inexorable par tout, aueugle par tout, impitoyable par tout, par tout nageoit sa sanglante image, autant, & plus à la tente qu'au camp. Elle fauche le poltron auec le genereux, le Cheualier & le fantassin, le Capitaine & le soldat, elle n'espargne personne; Chrysanthe fit en ce siege des armes que ie laisseray descrire aux Historiens qui en font mestier, pour ne mettre ma faulx en leur moisson. Ie diray seulement qu'il fit ce que l'on peut attendre d'vn Gentil-homme de sa naissance, & de son courage. Cent fois à la veuë de son Prince (le plus glorieux loyer de la valeur) il a faict des courses, & des saillies, où tout autre fust demeuré engagé : il a faict des coups incroyables, & tesmoigné suffisamment que la mort n'osant l'attaquer de droict front au milieu des combats, ne pouuoit attenter sur sa vie qu'en trahison, le saisissant d'vne violente maladie en sa tente. L'Enuie de cette meurtriere le voulut ainsi: car ce braue courage meritoit de mourir en guerrier soubs la gresle des coups, côme le glorieux martyr S.

Chrysanthe soubs l'accablement des pierres: il fut mort comme desiroit Cesar, subitement, mais non pas inopinément: car ceste belle ame aussi soigneuse de son salut eternel, que genereuse en la meslee, n'y alloit iamais sans estre preparee au dernier euenement: & c'est cette grace qui donnoit à ce Samson vne force surhumaine. Exemple rare en ce siecle miserable, où la guerre se fait auec tant d'impieté, que son fer est vne large porte d'enfer. Nostre Cheualier qui ne craignoit pas les ennemis armez, eust-il redouté les amis malades ? &

c'est ce qui le perdit; car reuenu des occasions où le deuoir l'appelloit, il s'employoit à la pieuse visite de ceux qui mouroient languissans d'vne contagieuse maladie. Il ne trouua pas la mort où il l'attendoit, & il la rencontra où il ne pensoit pas à elle. O aueugles esprits des hómes! O iugemens tenebreux! en quelles obscuritez viuons-nous, parmy quels hazards coulons-nous ce peu que nous filons de vie, s'escrie vn sage ancien. Voila Chrysanthe, qui apres auoir beaucoup combattu sans estre battu, se voit sans combattre rudement abbattu: si tost qu'il se sentit frappé, il se iugea mort, & sans penser que mediocrement au soing de son corps qu'il remit à ses gens, il ne pésa plus qu'à son ame, & à mourir sainctemét en Chrestien, puis que Dieu ne vouloit pas qu'il mourust en guerrier. Il fut attaqué furieusement d'vn mal si chaut & si ardant, que ce fut vn euident miracle de voir que son esprit n'en fut point troublé; car ceux de l'armee qui en estoient atteints, mouroient, ou enragez, ou frenetiques; tant il est vray qu'vne bonne vie est la fourriere d'vne heureuse mort. Combien de fois s'estoit-il baigné en sa sueur parmy les combats, & son sang par apres figé dedans ses veines, sans que sa ieunesse aydee de sa bonne constitution, & de sa temperance aye veu interesser sa santé? le Soleil & la nuict, le chaud & le froid, la faim & la soif, tout luy estoit supportable: il eust veu le cours d'vn siecle, si dans le seruice d'autruy, il ne se fust oublié soy-mesme: le mal l'attaque si brusquemét, qu'en moins de huict tours de Soleil la place ne fut plus tenable: ce fut lors que se voyant à la mercy de la mort qui le tenoit à la gorge, il reclama souuentesfois le nom de Darie, que son cœur aymoit: alors il recognut, mais trop tard la verité des predictions de cette infortunee Cassandre. C'est dedás ces dernieres tépestes que cet Ænee souspire son Elise: O! qu'il s'estimeroit allegé si elle pouuoit receuoir ses dernieres paroles, & luy clorre les yeux! tantost il se tourne deçà, tantost il retourne de là, pressé des inquietudes de cette chaleur extreme qui l'estouffoit, sans exhaller neantmoins de sa bouche aucune parole d'impatience. Mais ce n'est rien qui égale les tours & les retours de son esprit pressé de ses dernieres agonies. Tantost le courage animé du sang qui luy boult dans les veines luy fait regretter de mourir ainsi d'vne mort obscure, souhaittant qu'vn coup de ces foudres de guerre, dont on faict Salmonee l'inuenteur, l'eust emporté à la veuë de tout le camp, soubs les hauts murs de cette ville assiegee: tantost se rengeant au vouloir de Dieu, qui le destinoit à mourir d'vne mort plus sombre & plus lente. Encores, disoit-il, si c'estoit dans l'Infirmerie de quelque Monastere reformé apres y auoir faict vne longue Penitence. O douleurs de la mort pires mille fois que celles de l'enfantement, car il est question de faire que le corps accouche d'vne ame pour vne eternité bien-heureuse, ou mal-heureuse. Toutes les inspirations que le Ciel auoit autrefois si suauement suggerees à nostre patient par l'organe de Darie, luy reuiénent clairement & distinctement en la memoire, qui font vn extreme rauage en son cœur. Hé! que de regrets de ne les auoir embraſſees ; de combien voudroit-il maintenant pouuoir racheter ces cheres occaſions, qui ſont ſi legerement paſſees, & qui ſe ſont autrefois offertes à ſon ſeruice, auec tant de douceur & de benignité. Mais le temps vole, & ne reuient iamais ſur ſes piſtes : c'eſt vn poſtillon qui ſe haſte à grandes iournees ; c'eſt vne nauire qui frette à pleines voyles; vn eſprit qui va, & qui ne retourne plus; le temps eſt la ſeule choſe dont non ſeulement l'eſpargne, mais l'auarice eſt loüable; & c'eſt neantmoins ce que l'on deſpence, ce que l'on dissipe plus prodigalement.

Les gens de Chrysanthe desireux de le sauuer, s'ils eussent peu, le tirét du camp auec beaucoup de peine, & le font porter à la capitale de la Prouince, qui tire son nom de ce Taureau qui apporta d'outre-mer le nom à l'Europe, si l'on donne quelque creance aux douces feintes des Poëtes: Taureau, dont les bras du Pò glorieux rendent les cornes altieres & redoutables. Nostre patiét pésa expirer mille fois par les chemins entre les bras de ceux qui le portoient: il arriua si abbatu

& extenué, que les Medecins en defespererent dés la premiere veuë: Ce n'eſtoit plus ce Chryſanthe dont les perfections rauiſſoiét les cœurs par les yeux; c'eſtoit l'image languiſſante de la mort, & le vif tombeau de luy-meſme. Ne trahiſſez point le ſalut eternel de mó ame, dit-il aux Medecins, cóſultans ſur ſon mal, par les flateuſes eſperances du ſalut temporel de mó corps: ie n'ay iamais redouté la mort, moins encores voſtre iugement, car c'eſt vn arreſt que la nature prononce à tout le monde: dittes-moy hardiment, comme vn Prophete à Ezechiel, Disposez de vos affaires, car vous mourrez. Cette resolution genereuse fit que ceux que Dieu veut que l'on honore par necessité, & qu'il a donez pour intendans de la santé des hômes, ne luy celerét point l'extremité de son mal, duquel ils ne pensoient pas qu'il peust releuer sans vn euident miracle. Rien ne manqua à Chrysanthe de l'assistáce necessaire, le Prince mesme (faueur que les Courtisans cherissent à l'égal de la vie) en eut vn soing particulier. Mais que peut leur grandeur sur cette meurtriere, qui est terrible sur les plus grands Roys de la terre, & qui par la peste attacque & terrasse vn sainct Louys au milieu de ses armees victorieuses en vn pays barbare. Chrysanthe condamné par son propre iugement, & par ceux qui cognoissent par vn long art le cours des maladies, ne veut plus penser qu'à Dieu, il appelle de toutes parts plusieurs saincts & deuots Religieux, dont cette ville est fort remplie. Il faict vne accusation generale de ses fautes, auec tant de contrition, que celuy qui l'entendit en resta tout edifié. De là il se munit du sainct Viatique pour faire vn heureux passage de l'Egypte, & du desert de ce mõde dedans la terre promise des viuans. Ie ne diray point les efforts qu'il fit en sa foiblesse, pour receuoir son Createur auec plus de decence & d'humilité, ce sont des particularitez que son insigne deuotion doit faire croire; mais le mal l'abbattoit si fort, qu'il ne pouuoit pas tout ce qu'il vouloit. Comme vn genereux Athlete de nostre Seigneur, il appella les Prestres selon le precepte Apostolique, pour prier sur luy, & l'oindre de l'Onction derniere, afin de luitter plus vigoureusement contre les ennemis de son salut au destroit si estroit de ce dernier passage, & pour se purger des restes de ses pechez moins cognus. Tousiours il affronta la mort d'vn front de diamát, respódant, Amen, à toutes les benedictions, & regardant le trespas d'vn visage aussi asseuré que doux & tranquille, tesmoignage euident de la bóté de sa conscience: Sa conuersation n'estoit plus que dans le Ciel: les Religieux admiroient sa cóstance en ses extremes douleurs, la force de son esprit en ses cónuulsions: il faisoit d'vn bon cœur tous les actes de pieté & de vertu qu'ils luy suggeroient, ayant plus de besoin de bride que d'esperon en ces dernieres ferueurs. Il eut quelque doux interualle, durant lequel il declara ses dernieres volontez: les pauures eurent part en ses biens, ses seruiteurs furent dignement recompensez, il les exhorta au bien d'vne façon toute paternelle, & auec des paroles qui faisoient naistre des sanglots & des torrens de larmes. Leon son fidele fut le depositaire de ses plus intimes secrets, il l'auoit seruy dés son adolescence, & l'auoit suiuy par longues années, apres l'auoir instruit de plusieurs particularitez qui concernoient ses affaires. Tu vois, luy dit-il, mó cher Leon, que ie meurs en l'Auril de mon aage, en la viue fleur de mes plus beaux iours; mais puis que telle est la volonté du Ciel, & l'ordonnance de Dieu, qu'il soit faict selon le bó plaisir de sa supreme Prouidence, que ie reuere, & que i'adore. I'ay passé legerement le cours de ce mortel exil, cóme ces animaux de l'Helespont qui ne viuent qu'vn iour. I'ay quasi aussi tost veu ma tumbe, que ma naissance. Mais puis que la meilleure vie n'est pas la plus longue, ie n'ay point de regret de quitter tost ou tard ce qu'enfin il faloit quitter. Vne seule chose seulement, mon cher amy, me pese sur le cœur, c'est de n'auoir pas creu les saincts confe..s de Darie, & ie ne sçay si ce trespas precipité n'en est point quelque punition. Et lors il luy conta l'irresoluë resolution en laquelle il estoit demeuré auec elle, lors qu'il la quitta, les presages qu'elle auoit faicts de sa mort, & les assentimens qu'il en auoit euz. Dis luy ie te prie, mon pauure Leon (pauure Leon qui pasmoit de douleur, & qui fondoit en pleurs) & ie t'en conjure, par cette ancienne fidelité, & cette forte amitié que tu m'as tesmoignee par de si bons & de si longs seruices, dis-luy que ie meurs auec douleur de ne l'auoir creuë, que ie luy en demande instamment pardon, & qu'elle se contente que ma mort expie cette faute. Dis-luy que i'ay voüé mille fois d'executer ses sainctes volontez, si Dieu m'eust voulu retirer de cette maladie qui me fait mourir, & que si ie ne meurs Religieux en effect, ie le meurs en affection & en desir. Ma mort la mettra en la liberté du veufuage, mais elle ne pourra rópre la chaisne qui me lie eternellemét à ses vertus que i'ay eu l'honneur de posseder auec plus de bonheur que de merite. Ce chaste feu que pour elle i'ay sainctement nourry dans mon sein, non seulement viura dans ma sepulture, mais reuiura dans ma cendre, & sera comme ces lampes inextinguibles que les Anciens mettoient dedans leurs tóbeaux: i'ay plus de douleur des douleurs qu'elle ressentira de ma perte,

perte, que ie n'ay de douleur des douleurs qui me dónent la mort; ce déplaisir m'est vne mort en la mort plus sensible, que la mort mesme. Helas! le souuenir de mó naufrage troublera le repos qu'elle eust gousté dedans le port de la Religion où ie la voy auec Sofronie pour le reste de ses iours: Non, ce n'est point la ialousie, crainte de voir vn autre triompher de mes despoüilles, qui me faict, ou esperer, ou desirer en elle cette retraicte: mais c'est la fermeté de son esprit qui me la faict croire, fermeté qui n'a pas eu assez de force pour re-
L

tenir l'inconstance de mes pensees, mais qui a vn empire absolu sur les resolutions de sa volonté. Ouy, ie sçay que Chrysanthe mort, Dieu seul sera l'Espoux de Darie, puis qu'elle le vouloit bien eslire mesme Chrysanthe viuant : dy-luy que si ce Chrysanthe eust vescu dauantage, il n'eust plus resisté au sainct Esprit, mais acquiesçant à ses sages conseils, il eust pris la resolution d'embrasser la vie Religieuse, pour viure en saincteté, & en iustice deuāt Dieu tous les iours de sa vie. Fay qu'elle viue, Leon, & que les fieres destinees se contentent de ma defpoüille, fans porter encores fi toſt dans le cercueil, & la mere, & l'enfant qu'elle a dedans ſes entrailles : porte mes plus ſainctes affections à la mere, mon Leon, & à ce pauure enfant qui ne verra iamais celuy qui luy a donné l'eſtre, mes plus ſinceres benedictions. Fay ſouuenir ma chere Darie de la derniere promeſſe qu'elle m'a faicte, d'inuoquer continuellement ſur mon ame la miſericorde de Dieu. Helas! comme i'ay vne grande cognoiſſance de ſa pieté, auſſi ay-ie vne merueilleuſe confiance en ſes prieres.

Dy à la sage Sofronie qu'elle serue de pere & d'espoux à la mere & à l'enfant, & qu'elle perd vn gendre, qui meurt auec ce seul regret de ne luy auoir rendu plus de seruice: que ie sois au souuenir des deuotieuses filles de sa sainte Congregation, afin que la terre soit legere à mes os, & le Ciel ouuert à mon ame. Mais n'oublie pas, mon fidele, luy dit-il, enlaçant son col d'vn dernier embrassement, qui pensa reduire en pouldre comme vn embrasement le deplorable Leon, de me recommander aux sacrifices du grand Theophile mon Pere, mon Euesque, & mó support: helas! qu'il aye souuenance de moy au sainct Autel, puis qu'ayant esté l'enfant de son cœur, ie seray (car ie cognoy la bonté de son naturel) le sujet de ses larmes. Dy-luy ce que i'auois desseigné de faire auec le consentement de Darie, l'aggréement de Sofronie, & son sage conseil. Et toy, mon pauure amy, ie te prie de me donner le baiser de paix, & de me pardonner pour l'amour de Dieu, tát de mescognoissances dont i'ay ingratement payé ta fidelité, tant d'impatiences, & de brusques choleres que i'ay exercees au preiudice de ton obeissance; ie te fay telle part de mes biés que tu pourras en viure à ton aise selon ta condition; si tu n'en es content, demande, mon enfant, & demande encores de mon sang, s'il est besoin que i'en repare les offences que i'ay faictes contre ton humilité. Disant cela il tire vne riche bague de son doigt, & luy dit, Tien voila ce que ie te donne par preciput sur tes côpagnons, comme ie t'ay particulierement aymé sur les autres; ne m'oublie pas en tes prieres, & Adieu. A ces mots Leon cheut pasmé de douleur, qui fut vn assaut violent au cœur de Chrysanthe. Tandis qu'il reuiendra par les remedes que l'on apporte, i'auray loisir de glisser cette pensee que cette bague me remet en memoire, la part singuliere dót Iacob honora son bien-aymé Ioseph pardessus tous ses freres: ô! le rare rencontre qu'vn bon maistre & vn bon valet. Reuenu de sa pasmoison: Mon maistre, dit-il, cherchez quelqu'autre qui porte vos messages, car ie veux mourir auec vous, ie veux estre vostre à la mort comme à la vie, au temps & en l'eternité : rien ne me separera de vos cendres, vn seul tombeau sera pour nous deux : si vous fussiez mort dedans les combats i'estois determiné de me precipiter dedans les armes, estimant que vous suruiure me seroit vne chose pire que la mort : & s'il faut que par la loy de Dieu i'attende plus long temps mon heure, ie donne volontiers aux pauures tout ce que i'ay au monde, qui est tout ce que vous me donnez, & proteste sur vos os que ie ne veux recueillir de vostre heritage que cette saincte resolutió qu'il vous a pleu de me manifester, me rendant executeur en voſtre place de cette religieuſe entrepriſe: auſſi bien ne ſçaurois-ie rien voir au monde que ie puiſſe aymer apres vous: & ſi ie ne peux mourir d'vne mort naturelle ie mourrai d'vne ciuile pour reuiure en Dieu & le prier pour vous, mon tres-cher Maiſtre, tant que l'ame me battra dedans les flancs. Que s'il me faut porter la triſte nouuelle de voſtre treſpas à Darie, ce fera pour luy monſtrer par l'exemple d'vn fidele ſeruiteur ce qu'vne femme doit à la memoire de ſon Eſpoux. Ie croy que ma reſolution

L. v

n'aura pas peu de force pour establir la sienne, & ma constáce pour affermir son courage. Chrysanthe qui voit inesperémét naistre vn Phenix de sa cendre pour succeder à son religieux dessein, ne sçait comme remercier dignement le Dieu du Ciel de sa paternelle Prouidence. Ce luy est vne rose dans les espines de ses mortelles douleurs, qui luy fit dire ce mot de Iacob, Ie mourray maintenant ioyeux ayant trouué vne telle aduanture. Puis résolu de ne penser plus au monde qui l'affligeoit, mais à ce bon Dieu qui faisoit regorger ses consolations sur l'abysme de ses angoisses, il se retourne vers ces bons Religieux qui ne l'abandonnoient point, & sentant peu à peu arriuer l'heure de son depart à mesure que les forces luy manquoient, il commença à faire de grands eslancemens d'esprit, ne plus ne moins que ces flambeaux qui iettent vne lumiere d'autant plus esclattante qu'ils sont proches de s'esteindre. Tantost il faisoit des actes de contrition & de repentance, beuuant dedans l'eau de ses larmes la poudre du veau d'or de ses iniquitez : tantost se resignát tout à faict au bon plaisir celeste, O Seigneur, disoit-il, ie suis tres-obeyssant seruiteur de voſtre volonté: tátoſt s'humiliát & se battát la poictrine: Souuenez-vous, disoit-il, ô bon Dieu! que vous auez promis de ne meſpriser pas le cœur contrit & humilié. Tantoſt il s'eſcrioit auec Dauid saisi d'vne secrette ioye, Non, ie ne mourray pas, mais ie viuray, & ie chanteray eternellement les merueilles de mon Sauueur. Tantoſt se consolant en l'exemple de tant de saincts Penitens, que ces bons Religieux luy representoient, comme de David, du Publicain, de sainct Dimas, de la Magdeleine, de sainct Pierre. Hé, Seigneur! disoit-il, renouuellez en moy vos anciennes misericordes. Tantost pour rejetter les tétations qui sont fort pressantes & aiguës en ce dernier passage, Sathan voyant que le téps est court, ces deuotieux personnages luy faisoient faire le signe de la Croix, luy faisoient prendre de l'eau beniste, & luy faisoient dire ce mot de David, Malins, retirez-vous de moy, ou bien que le Seigneur se leue, & que ses ennemis soient dissipez. Tantost embrassant la Croix, ils luy fuggeroient cette deuotieufe afpiration de fainct Bernard: O doux IESVS, faictes que ie meure pour l'amour de voftre amour, puisque vous eftes mort pour l'amour de mon amour: puis fe fouuenant de ce Sainct, le grand honneur des Eduenfes, d'où Darie auoit tiré fon origine, & qui a remply toute la terre de la douceur emmiellee de fes efcrits; & de cet autre Sainct de mefme nom, fi fameux en la vertu d'hofpitalité, dont il a laiffé vne eternelle memoire fur ces faiftes des Alpes, qui portét encores les noms de grand & petit sainct Bernard, de la maison duquel il estoit allié, & qui plus est, dont il portoit le nom par le Baptesme (car nous verrons à la fin de cette Histoire ce qui nous l'a faict changer en celuy de Chrysanthe.) O que de douces inuocations il faisoit à ces deux grāds Sainčts, afin qu'ils le secourussent en son passage. Cōbien de fois reclama-t'il sainct Louys & sainct Ioseph, S. François, & S. Dominique, & sur tout la tres-saincte Mere de Dieu, sa tres-chere patronne: en disant la Salutation de l'Ange il repetoit si souuét, Maintenant en l'heure de ma mort, maintenant en l'heure de ma mort. Et encores ce motet d'vn Hymne que l'Eglise luy chante, Marie mere de grace, Mere de misericorde, defendez-moy de mes ennemis, & me receuez au poinct de ma mort. Toutes les fois qu'il proferoit ce nom de MARIE, celuy de Darie touchoit son souuenir, & il se consoloit en ce que Darie prieroit Marie pour luy. Il est téps de mourir, braue Chrysanthe, & de rédre par les extremes abois de la fin, le tribut que tout le monde doit à la nature: nous mouróstous, & comme des eaux nous serpentons sur la terre pour nous rendre dans la mer amere de la mort. Le froid se glisse en ses extremitez, il redouble ses aspiratiós, à mesure que la chaleur naturelle se r'empare dedans le donjon du cœur. Il renouuelle derechef à son Confesseur le desir qu'il auoit d'estre Religieux, si la mort ne l'eust preuenu, il le supplie d'en receuoir le vœu entre ses mains, soubs le cósentement de Darie, l'adueu de Sofronie & l'aduis de Theophile: il demande par misericorde de mourir à terre, sinon comme Chrestien, au moins comme

Soldat: Il ne trouua personne qui luy vouluſt rendre ce cruel office, ny qui ſecondaſt ſon courage comme il auoit faict celuy de ſon pere. Leon meſme plus mort que vif luy dénia ce deuoir inhumain: Au moins, dit-il, que ie meure en Religieux, le Crucifix à la main, couuert de ſac & de cendre; cela luy fut accordé. Voila noſtre Cygne qui chante ſes funerailles, & qui dit le Cantique de Simeon: chacun à genoux faict la recommendation de cette ame agonizante. La cruauté meſme à ce ſpectacle ſe fuſt rangee à la mercy de la pitié: il embrasse la Croix, & baise mille fois l'Image du Crucifié. Les Indulgences plenieres luy furent appliquees en vertu de quelques benedictions, & en consideration des Confrairies ausquelles il s'estoit inscript par les inductions de la sage Darie. Que peut-on humainement desirer en vne ame des dispositions requises pour reposer en paix? Le nom de IESVS & celuy de MARIE estoit frequemment en sa bouche, & tousiours en son cœur. En fin apres auoir donné son corps auec tous ses sens, son ame & toutes ses puissances, son cœur auec toutes ses affections à Dieu, & dict plusieurs fois, VIVE IESVS, mot que le grand Theophile a graué sur tous les cœurs de ceux qui ont de la pieté, il expira doucement en nostre Seigneur. Va, belle ame, dans les bras amiables de la diuine Misericorde; Va en la part de l'heritage des Saincts boire à longs traicts dans le torrent des voluptez eternelles; Va libre & contente iouyr de la veuë de ce beau visage du celeste Espoux, que les Anges desirent de voir bien qu'ils le voyent sans cesse. Ainsi mourut Chrysanthe, lequel fut enterré selon son desir dedãs vn Monastere, en vn habit Religieux: & mourut en luy la fleur de la Sebusie, & l'honneur de son aage. Va cruelle mort, tu fais bien voir ton impitoyable barbarie, & que comme tu n'es qu'vn squelette horrible, tu n'as ny des yeux pour discerner, ny des oreilles pour entendre, ny vn cœur qui puisse estre esmeu de pitié: iamais ne puisse tu cesser de rauager tout le monde iusques à ce que ta faim insatiable, engeance du peché & auorton des enfers, aye reduit l'Vniuers à sa derniere consommation.

Leon ayant clos les yeux de son cher Maistre, & rendu tous les deuoirs qui estoient necessaires à l'honneur de ses obseques, part promptement de ces lieux, qui enseuelissoient tout son bien & son contentement, & resolu de le retrouuer dedans la vie Religieuse, se rend en peu de iours aux Semines. Mais comment fera-t'il pour s'acquitter de sa funeste ambassade? car il doit cela aux Manes de son Maistre : & puis apres le monde ne luy est plus rien. Il ne prend pas l'Elephant par la partie là plus tendre; mais eſtimant iudicieuſement que Theophile meſnageroit mieux cette affaire qu'aucun autre; il le va trouuer, luy raconte la fin de Chryſanthe, & les cōmiſſions de ſes dernieres paroles. Theophile eſt la meſme conſtance, mais auſſi la meſme dilection. Merueille! cette grande ame fut eſtonnee de cette nouuelle, qu'il n'attendoit pas: Il en frappa ſa poictrine, & fut vn temps ſans dire mot. Hé! que feront ces roſeaux du deſert, ces reſolutions feminines, ſi la colomne eſt eſbranlee? Reuenu de cette profonde penſee, il se resigne incontinent à la volonté de Dieu, en disant ces belles paroles: Ouy, Eternel Pere, puis qu'il a esté ainsi trouué bon deuant vous. Cependant c'est vn Pere spirituel qui aymoit ce cher enfant d'vne façon si tendre & cordiale, que ses yeux saignerent de la playe de son cœur: les pleurs coulent par là l'esprit demeurant ferme. Il regretta cóme Dauid cet agreable Absalon, mais non pas auec des paroles si outrees: il regretta comme Dauid son cher Ionathas, car certes il l'aymoit d'vn amour tout sainct, tout paternel, tout fraternel,

ternel, & tout sincere. Leon luy dict toutes les particularitez, & cóme celuy qui eust aussi-tost choisi vn supplice, que de porter ce pacquet à Sofronie & à Darie, il se descharge de sa commission entieremét sur le discret Theophile, & ayant pris sa saincte benediction, de ce pas se va rendre Religieux.

Iamais Theophile ne se trouua si empesché qu'à cette fois, ne sçachant comme representer cette piteuse nouuelle à la mere, & à la fille. Le temps le pressoit, car il craignoit que la renommee ne la portast à l'impourueu à

M

ces ames non preparees à vn tel assaut : mais apres auoir recommandé cet affaire à nostre Seigneur, & à des gens de deuotion, il s'aduisa d'vne industrie digne de sa prudence, sur ce que Leon luy auoit appris de la resolutió de Chrysanthe, qui luy auoit aussi esté communiquee par Darie apres son départ, de penser à la vie Religieuse s'il reuenoit de cette guerre. Il va donc au Monastere où Darie estoit auec sa mere, & luy demandant si elle auoit conseré auec Sofronie de la derniere resolution de Chrysanthe, il sceut (comme les femmes celent ce qu'elles ne sçauent point) qu'elle luy en auoit parlé; qu'au commencement elle auoit trouué cette proposition estrange, mais qu'à la fin elle s'estoit appriuoisee: & comme elle estoit extremement sousmise à sa direction, elle auoit rapporté le tout à son iugement. Là dessus il luy repart si elle auroit agreable qu'il en conferast auec Sofronie. La peur s'ombrage de tout, elle demande pourquoy, le cœur luy bat, l'esprit luy presage quelque chose de sinistre. Cependant il la laisse en cette perplexité, pour aller conferer auec Sofronie, auec laquelle apres auoir longuement traitté, elle conclut en cette pieuse determination comme elle auoit fait au mariage, que ce qu'il iugeroit seroit aussi son aduis : Mais, mon Pere, disoit Sofronie, vous semble-t'il pas qu'il faille attendre son retour, n'estát pas vne affaire qui se puisse terminer en l'absence, moins encores en l'estat auquel ma fille est à present. Tout cela ne veut rien dire, & voila la sagesse de Theophile engloutie dedans ces entortillemés ; il ne sçait que respondre : on luy demande pourquoy il parle de cela, & c'est ce qu'il craint de dire; quelles nouuelles il a, & c'est ce qu'il redoute d'euenter: pauurettes, vous cherchez ce que vous ne voudriez pas trouuer, & cependant vous trouuerez ce que vous ne deuriez pas chercher, au moins d'vne façon si empressee. Il retourne à la fille qu'il trouue saisie de paniques terreurs: bon Dieu! quelle disposition. Theophile a la plus douce main du monde pour les saignees & pour les playes spirituelles: mais il perd icy tout son art. Que fera-il? Darie le presse pour sçauoir à quelle occasió il luy a ouuert ce propos, Parce, dit-il, que ce qui n'estoit qu'vne simple proposition de Chrysanthe à son depart, est maintenant vn ferme propos; il a trouué ce que son cœur desire, & il ne tiendra qu'à vous que par vn mutuel & sainct diuorce vous n'executiez vostre religieux dessein: il s'en rapporte à moy, aussi fait Sofronie, aussi faictes vous; & ie penserois contreuenir à la volonté de Dieu, si ie ne consentois à de si sainctes inspirations. Il disoit cela d'vne façon si triste & si descontenancee, qu'à cela seul Darie iugea quelque chose de tragique. Ha! dit-elle, mon Pere, Chrysanthe est mort. Cela dit, elle tombe pasmee, Sa mere accourt au bruit & des Religieuses aussi pour la releuer, & la faire reuenir de sa pasmoison. Reuenuë elle s'escrie, Ie suis toute à Dieu: maintenant ie suis toute à Dieu! hé! mon cher Pere, ne me tenez point dauantage en suspens. La presence de Sofronie redouble la peine de Theophile: elle demande à sa fille ce qu'il y a, Ha! dit-elle, Madame, c'est Theophile qui me dit que Chrysanthe est mort: à cette parole Sofronie s'esuanoüit: voila bien du desordre, les larmes & les cris de sa fille seruirét de vinaigre & de bruit, pour la r'appeller de cet estonnemét, qui auoit tout à coup abbattu ce grand courage, où le monde n'estoit quasi plus rien : quelle chose c'est que d'estre mere. Les Religieuses esperduës font vn bruit confus sur la douleur de la mere, sur le mal-heur de la fille. Hé! que de larmes, Hé! que de souspirs. Ie n'ay pas dit cela, repliqua Theophile, & s'addressát à Sofronie, Ma sœur, luy dit-il, comme ie parlois à Darie de l'affaire qu'elle vous a communiquee, elle est allee faire vn iugement conforme à ses ordinaires apprehensions dont vous l'auez tant reprise. Là dessus la sage Sofronie tance l'innocence de sa fille de ses trop veritables soupçons. Theophile voyant ces boüillons accoisez, ne sçait s'il doit attendre vn temps plus calme, ou battre le fer tandis qu'il est chaud; il craint que le bruit commun luy desrobe le fruict de sa consolation, & se resoluant d'acheuer sa triste ambassade, supplie Sofronie de faire retirer les Religieuses, & de demeurer auec

M v

Darie, ausquelles à la fin il dit que Chrysanthe estoit mort. Que n'estois-ie en esprit en quelque coing pour remarquer les propres termes destrempez dans le miel, dont cette bouche venerable tempera le fiel de ce cruel message. Imaginez-vous que c'est vn hôme qui a des charmes ineuitables en sa côuersation, & dont la langue a plus de chaisnons que l'Hercule Gaulois pour esmouuoir, comme il luy plaist, les cœurs par les aureilles: il sceut si dextrement mesnager les pasmoisons precedétes, qu'il espargna les recheutes, &

monstra à la mere & à la fille, que ces deffaillãces n'estoiét pas dignes de leur courage, & que c'estoit en de pareilles occasiõs qu'il falloit mettre en pratique tant d'enseignemens qu'il leur preschoit tous les iours, tant d'actions de vertu qu'elles exerçoient dans la Religion : que c'est à cela que deuoient seruir, les Confessions frequentes, les resolutions de l'Oraison, les Communions ordinaires, les lectures sacrees : qu'il falloit releguer aux Dames mõdaines ces excez moins reiglez de douleur & de plainte : il sceut en somme si bié endormir ces cœurs, qu'il les rendit immobiles, côme la femme de ce Patriarche qui deuint vne statuë. Effect puissant de la creance & de l'eloquence. Mais comme la musique ne plaist que tant qu'elle resonne, aussi la consolation ne consolide des courages que l'affection trahit à l'aduantage de la douleur qu'autant qu'elle dure. Ha! dit Darie, quand elle osa parler, & elle l'osa la premiere comme la plus outree, voila l'effect de mon songe. Grand cas, que l'on ne puisse oster de la teste des plus sages femmes ces imaginations resueuses:

Cependant cettuy-cy est remarquable, car elle auoit songé quelques iours auparauāt que des Religieux portoient Chrysanthe en terre en habit Religieux ; ce qui estoit arriué, comme depuis leur raconta Theophile. Et puis dictes que les songes sont tousiours des mensonges, ceux de Iacob, de Ioseph, de Nabuchodonozor, de Salomon dans l'Escriture tesmoignent qu'ils ne sont pas tousiours si friuoles & vains : mais que Dieu y mesle quelquefois des traicts de sa conduite.

Ce n'est point soubs ma

plume que tombent ces fatras de regrets, dont les Poëtes, ces eſtaleurs de bigatelles, allongent leurs vers, & dont les liures de Cheualerie rempliſſent l'inanité de leurs pages. Conceuez ceux de Sofronie & de Darie par la ferueur de leur affection, mais auſſi par la fermeté de leur conſtance: ce ſont des femmes, il eſt vray, mais ce ſont des femmes qui valent bien des hommes, & des hommes plus genereux. Dieu ſe plaiſt quelquefois à eſlire les choſes infirmes pour confondre les fortes, & celles qui ne ſont rien pour abbattre l'orgueil de celles que l'on estime grādes. N'est-ce pas luy qui par la folie de la foy a procuré le salut des fideles, & terrassé la sagesse du monde? Voila vn grand assaut au cœur de la pieuse Sofronie, la voila en mesme temps combattuë de plusieurs differétes passions: elle est belle mere, mere, quasi grande mere, & fille tresobeyssante; belle mere du defunct, mere de sa fille Darie, grande mere de ce petit enfant qui est dedans le sein de sa fille, & elle est fille respectueuse du sage Theophile. O Dieu que de pensees en son imagination, que de raifons en sa pésee, que de couleurs tout à coup monterent en son visage. La douleur, la pitié, l'amour, & la crainte, iouënt en mesme instát leur personnage sur le theatre de son cœur; la douleur pour la perte du trespassé, la pitié de sa fille esploree, l'amour de son fruict qu'elle veut conseruer, la crainte de tesmoigner en la presence de Theophile vne bassesse de courage indigne de la fille d'vn tel Caton. Helas! que fera-t'elle, la vehemence de son esprit luy donne des conuulsions, & des entorses plus cruelles que celles de l'enfantement.

Si elle plore la perte du premier, elle eſtonnera la seconde, offencera le troiſiefme, & ſcandaliſera le quatrieſme, qui attend de ſa conſtance toute autre choſe que des actions deſordonnees. Elle prend le party de la raiſon, & fortifiee de la grace de Dieu, & de la preſence de Theophile, elle entrepréd de le seconder en la conſolation de l'eſprit de Darie ſi abbattu, qu'elle en paroiſſoit pluſtoſt morte que viue. Les roſes ſe ſont eſuanoüies de ſon teint, & n'y ont laiſſé que la neige des lys, les paſles couleurs de la mort font voir ſur ſon frõt l'extreme & inexplicable douleur de son ame. L'aspect pitoyable de ces deux astres qui la regardent en pitié luy communique des influences qui luy donnent assez de vie pour ne mourir point, mais le regret luy donne assez de mort pour ne viure pas: certes comme ce crepuscule qui separe le iour de la nuict par vne lumiere tenebreuse, par des ombres claires, n'est à proprement parler, ny nuict, ny iour; ainsi l'estat de Darie est tellement suspendu entre le viure & le mourir, que ce n'est ny vie ny mort, mais ie ne sçay quoy de parragé entre l'vn & l'autre. Elle ne tombe pas, car ces deux colomnes la souſtiennent: elle ne paſme point, car cette chere Mere & ce bon Pere ſçauent tellement charmer ſa douleur & en tirer vne partie par vne veritable compaſſion, qu'elle eſt ſoulagee de la moitié de ce fardeau & allegee d'vne partie de ſes peines. Mais ie crains bien fort que l'on n'aye pas ſi bon marché de ſa patience au ſecond appareil comme à ce premier, car ſa playe n'eſt pas de celles que le temps puiſſe conſoler, que les medicamés de la raiſon puiſſent conſolider: l'heure derniere de sa vie sera celle de son affliction; & ce qui est de plus deplorable, c'est l'innocence de ce petit enfant qu'elle porte qui patira de la mort de son Pere, & participera aux angoisses de sa Mere: car pressé de sortir du corps de celle-cy auant le terme prescrit de la nature par la douleur de son cœur, il representera aussi tost la mort de son Pere que sa Mere luy aura donné la vie; & comme vn chaisnon touché de l'aymant paternel il attirera le corps maternel dedans la tombe. Funeste & lamentable discours! mais pour ne nous rédre point miserables deuant le temps, voyons vn peu auec quel courage Sofronie tient le baſſin où ſa fille eſt ſaignee. Son cœur fondu comme la cire, ou pluſtoſt creué dedans ſon eſtomach, s'eſcoule par les yeux : elle eſt Mere, elle eſt femme, elle a des tendreſſes, elle a des larmes ; mais elle eſt Sofronie, c'eſt à dire conſtante & genereuſe, qui ſçait comme l'or s'eſpurer, non ſe conſommer dans le feu des trauerſes, cóme l'enclume s'affermir par le battement des marteaux, comme la palme ſe relancer contre le faix, comme le chefne s'enraciner par les secousses des vents, comme la vigne profiter par ses retranchemens, en vn mot comme vne ame vrayement Chrestienne & deuote faire profit de sa tribulation.

Ie meurs de regret de ne pouuoir dignement representer les iudicieuses remonstrances de Theophile suiuies des affectueuses conjurations de Sofronie, pour temperer l'inconsolable déplaisir de la miserable Darie. Car si ces mots, helas! escrits sur les ailes des vents (car ils firent vne legere impression sur l'esprit de cette esploree) estoient tracez sur ce papier, cette Histoire en seroit tellement enrichie, qu'elle seruiroit d'antidote aux plus desesperees afflictions. Le voile de ce peintre me vient bien à poinct pour couurir, par le silence, les paroles de ce Pere spirituel de cette Mere veritable; Pere desia si outré de la mort de Chrysanthe, que ce surcroist de compassion qu'il auoit de ses cheres filles, le pesa opprimer: Mere si dolente, que l'affliction mesme emprunteroit les traicts de sa face, si elle se vouloit presenter en son plus pitoyable estat. Theophile cependant les exhorte auec grauité, & les presse viuement de se disposer à la Penitence, à la Communion, & à l'Oraison (car c'estoit au matin) afin de chercher dedans le Ciel les remedes qui defailloient en terre: Helas! nostre ame, sans le secours de Dieu, est cóme vne terre sans eau, il faut leuer les yeux aux mótagnes celestes, d'où viét toute nostre ayde, nostre ayde qui ne peut manquer, est en ce Seigneur qui a faict le Ciel & la terre, c'est luy qui empesche que nos pieds ne soiét esmeus, c'est à dire, que nos affections ne soient esbranlees,

branlees, & mises hors de la droicte assiette de la raison. C'est luy qui est auec nous en la tribulation, qui nous en tire, & nous en faict tirer de la gloire. C'est luy qui exauce nos prieres quand nous le reclamons en nos necessitez, & qui aux extremitez faict dauantage reluire les traicts de sa prouidence paternelle. Par la Penitéce, leur disoit Theophile, vous arracherez la racine de toutes les douleurs, qui est le peché; par la Communion vous guerirez les playes de vostre cœur; & puis dedás l'Oraison faicte en cet estat d'innocence & de grace, vous

N

impetrerez le repos de vos ames, & de celle du defunct, si elle en a besoin : faictes tout ce qu'il vous plaira, ce sont là les vrais remedes des aduersitez plus sensibles. Vous ne trouuerez du soulagement que dedans le Pere des misericordes, qui est Dieu de toute consolation, qui nous fortifie en toute nos foiblesses, & qui nous soulage en toutes nos detresses. Ces ames si dociles furent aussi-tost portees à la condescendance de ces aduertissemens de salut, ces cœurs si purs furent bien tost purifiez. Le deuotieux Theophile celebra le tres-sainct Sacrifice auec tant de larmes, que celuy d'Elie n'estoit point si arrosé d'eau quand le feu des Cieux vint deuorer & l'Autel & l'Holocauste. La rosee de ses pleurs se respandit autour de cette sacree Toison de Gedeon. Il communia auec beaucoup de sanglots & de souspirs ces deux dolentes Dames, accompagnees de toutes les filles Religieuses de la Congregation, qui compatissoient grandement au déplaisir de leur venerable Mere, & de la nouuelle veufue qui leur estoit si chere. O Chrysanthe, que de fleurs, & que de pleurs sur vostre tombeau, que de Cómunions à vostre intention, que de souspirs, que de vœux, que de sanglots, que de prieres pour le repos de vostre ame. Theophile prie pour vous, comme pour son cher fils, Sofronie cóme pour son gendre bien-aymé, Darie comme pour son espoux amiable, toutes les autres comme pour leur frere. O filles de Hierusalem vous gemissez sur la mort du pauure Ionathas. Qu'vn mesme Soleil opere diuersement en la terre, que variables sont ses operations selon les dispositions. Theophile trouua dedans ce pain de vie & des forts vne viue force pour son ame qui l'arma de resolution contre cet accident, qui certes luy estoit fort sensible. Sofronie que tant de cruels desplaisirs, qu'vn long veufuage, que l'exercice de la vie Religieuse auoit faict mourir aux sentimens du monde, se trouua (effect merueilleux) en vn instant tout à faict allegee: aussi Dieu reserue sa constance à vne bien plus violente espreuue. Le desir de conseruer sa fille & son fruict, pour ne rendre triple la mort de son gendre par la perte de ces deux autres creatures, luy fait plus remercier Dieu de ce qu'il luy laisse, qu'elle ne se plaint de ce qu'il luy oste ce qu'il ne luy auoit que presté. Dedans ces pasturages sacrez que Dieu a disposez pour les voyageurs en son Eglise, par cette table sacree que Dieu nous met pour bouleuart cótre tous ceux qui nous troublent, elle trouue les eaux de la grace, eaux de refection, qui noyent ses maux dedans l'oubly. Helas! que semblable cause ne produit-elle pareil effect en l'ame de Darie, nous ne serions pas maintenant empeschez à chercher de l'ancre assez noire, & des termes assez lugubres, pour despeindre les lamentables douleurs de son trespas aduancé. Nous la verrions pleine de vie, seconder la genereuse Sofronie en tant de Religieux exploicts pour la gloire de Dieu. Voila que c'est, vn mesme feu durcit la terre grasse, & fond la cire. Cette mesme Communion affermit le cœur de la mere, & accable celuy de la fille, tout ainsi que la mesme Arche forme des playes d'vn costé, & verse des benedictions de l'autre. Rencontre remarquable ! Toutes les fois, dit le Sauueur, que vous mangerez la chair du Fils de l'homme, & que vous beurez son sang, vous annoncerez sa mort iusques à ce qu'il vienne. Cette memoire reelle de la mort de l'Espoux de son ame, imprime si fort dedans le cœur de Darie la mort de celuy de son corps, que voila d'aussi estrages combats dedans son esprit, qu'en ressentit Rebecca dedans ses entrailles au contraste de ses iumeaux. Nous ne ferons point de tort à Sofronie, si nous disons que comme sa perte, aussi sa douleur estoit moindre: mais Darie qui se sentoit arracher la moitié de soy-mesme, & diuiser par la mort ce qui estoit plustost vnité qu'vnion, sentoit bien de plus violentes detresses, & puis son innocente ieunesse, l'inexperience des accidens humains, la douceur de son naturel, la vehemence de son affection, estoient autant de boutefeux, qui saccageoient outrageusement son courage. Les moindres feux s'esteignét auec l'eau, les gráds s'en rendét plus embrasez: les mediocres afflictiós admettent les remedes, & s'en assoupissent, mais les extremes s'en

rengregent par l'antiperista-
se. Le vin est l'antidote de la
ciguë, mais quand la ciguë se
prend quant & le vin c'est vn
poison irremediable. Helas
quand les remedes se conuer-
tissent au mal tout est deses-
peré. L'antimoine bien preparé purge puissamment le
corps, mais pourueu que
les humeurs soient bien disposees, autrement c'est vn
medicament qui cause d'e-
stranges symptomes. Rien
n'accoise tant les tumultes
des passiós, que la Commu-
nió, c'est vne huille respáduë
sur la mer agitee: mais aussi
d'autre part comme le miel

rēd beaucoup plus penetrante l'amertume de l'abſynthe, ſi la ſuauité de ce rayon de miel n'eſt priſe bié à propos, au milieu des afflictions, ſa douceur rend leurs eſguillōs bié plus ſenſibles. Les playes trop toſt bandees & eſtanchees engendrent quelquefois des tumeurs qui ſe forment par la corruption du ſang retenu. Tant y a que cette precieuſe perle Euangelique, qui vaut mieux que tous nos biens, ſe trouua tellemét diſſoute dedans le vinaigre de la douleur de Darie, qui n'eut pas le loiſir de plorer & souſpirer ſon deſaſtre, ny de lascher la bride à ces premiers mouuemens que la Philosophie exempte de nostre pouuoir, qu'elle ne laissa pas nonobstant ce dictame de remporter dedans le cœur le traict du desplaisir qui luy donna la mort. Toute detrempee en de cruelles amertumes, elle disoit à nostre Seigneur en le receuant, Receuez moy, mon Sauueur, maintenant que ie suis libre, car ie ne veux estre à moy, que pour estre à vous. Mais puis que vous auez rompu mes premiers liens, acheuez vostre œuure, & me tirez tout à faict à vous, afin que ie vous sacrifie des sacrifices de loüange. Helas! ce pelerinage que i'ay à parfournir icy bas sera-t'il encores bien long? habiteray-ie encores beaucoup de temps parmy les habitans des tenebres? enleuez-moy de ces ombres à l'admirable lumiere de vostre gloire. Hé! Seigneur, ie ne vous demande qu'vne seule chose, mais ie la requiers auec instance, c'est que ie demeure en vostre maison, au temps, & en l'eternité. Ie ne tiens plus en terre que par le filet de cette petite creature que vos mains ont formees en mes entrailles, donnez luy,

Seigneur, vne naissance vitale, afin qu'elle iouysse de la renaissance des ondes du Baptesme, & puis faictes de la mere, & de l'enfant à vostre volonté, tout est à vous, mon cœur est prest, ie vous suis entierement consacree.

Depuis ce temps, soit pour le saisissement soudain, soit pour la violence de sa douleur, soit pour la contrainte qu'elle apportoit à moderer ses regrets, soit pour son indisposition corporelle, soit parce que la fin de la fusee de ses iours approchoit, iamais la pauure Darie ne mōstra ny ioye, ny santé. Sofronie recognoist à veuë d'œil, que les fleurs de son visage flestrissent, & elle s'en attriste. D'autre-part, estimãt que c'estoit l'estat de sa grossesse, assez peu fauorable, à ce qu'on dict, à la beauté, elle flatte son desplaisir de quelque esperance, que sa couche luy donant vn nouueau Chrysanthe la deliurera de tout ennuy, & luy rendra sa premiere vigueur. Mais son imagination la trompe, en voulant endormir son mal. Rien ne peut diuertir Darie de la pensee de son desastre: & si quelque chose la console parmy ses angoisses, c'est la seule esperance, ou de la mort naturelle, ou pour le moins de la ciuile qu'elle receura par le voile desiré que sa mere luy promet. Ceux qui auoient autrefois auec tant de desir pensé à sa recherche, font renaistre leurs desirs par la mort de Chrysanthe, qui se seme par tout; mais leurs pensees offencent Darie, & irritent sa mauuaise humeur, elle proteste hautement, que celuy qui a eu ses premieres flammes, les a ensepuelies quant & soy dedans le tombeau, que c'est vne torche qui ne se peut iamais r'allumer. Que

Chrysanthe n'est point mort pour elle, puis que sa viue image doit sortir vn de ces iours de ses flancs, qui le fera reuiure deuát ses yeux, comme il est tousiours viuant en son cœur. Cependant elle s'enfonce dedans vne profonde solitude, & cette retraicte extraordinaire la plóge dans vne melancholie, laquelle aydee de sa disposition, se rend si forte qu'elle deperit visiblement. La voila comme la palme separee de son palmier (car on tient qu'il y a distinction de sexe parmy ces plantes) qui perd ses belles fleurs, helas! & qui verra deuant ses yeux pour comble de misere, perir encores son fruict. Há ! outrageuse mort, ne cesseras-tu iamais de persecuter l'innocéce, puis que tu n'es que la punition de la coulpe. Furie impitoyable, va t'attacher au colet de ces scelerats que tu laisses viure impunémét dás le monde : n'as-tu point de respect pour tant de graces dont le Ciel a orné & ce corps & cette ame ? Va barbare, qui vas chercher les enfans dedans le ventre des meres, pour paistre ta cruauté, iamais ne puisse-tu faire autre chose, que saccager les peruers; puis que tu traictes auec tant d'inhumanité, ceux qui sur l'autel de l'honneur, & de la pieté, n'ont faict autre chose que presenter à Dieu des sacrifices de bonnes œuures. Chose estrange, que de l'humaine volonté, elle est si libre qu'elle ne veut despédre que de soy-mesme, tout ce qui la presse l'oppresse, tout ce qui la violente la viole. Moins elle a de pouuoir plus elle a de desir, & quand la puissance est au large, son affection est allanguie. Que vous faut-il, Darie, vous voila maintenant en la possession absoluë de ce que vous auez autrefois si impatiemment & si impuissamment souhaitté. Vous auez ce que vous desirez, mais autremét que vous ne desiriez. Dequoy vous sert cet inutile regret qui vient maintenant trauerser la ioye que vous deuez auoir de vous voir à la veille d'obtenir ce bien tant attendu de la consecration Religieuse? Mais Chrysanthe est mort. Hé! ie vous prie permettez que ie plaide la cause de la raison contre vostre passion. De quoy vous seruiroit sa vie pour cette entreprise, sinon à faire murmurer le monde, qui blaspheme ordinairemét ce qu'il ignore, & qui se peruertit en ce qu'il sçait? Maintenant que ce lien est descousu, & que vous entendez S. Paul qui vous conseille tout nettement de ne vous marier qu'à nostre Seigneur si vous estes bien auisee: Ceux qui eussent controllé cette separation reciproquement volontaire, authorisee par tant d'exemples anciens & modernes, loüeront maintenant vostre dessein, & beniront vostre resolution. Il y a tousjours de l'homme en l'homme, & de la femme en la femme. De quoy ie vous prie vous seruiroit ce Chrysanthe dans vn Cloistre separé de vous de deux ou trois cens lieuës, gemissant, patissant, souspirant & agonisant sous la croix d'vne dure Penitence: au lieu que maintenant il est en la gloire ayant franchy vn pas qui nous est commun auec tous les mortels. Chrysanthe mortifié vous eust-il esté plus agreable que viuifié, en la terre de mort qu'en celle des viuans? Dittes la verité, n'est-ce pas enuier sa felicité? n'est-ce pas ialouser sa beatitude? Peut-estre l'eussiez-vous encores veu, que dittes-vous, Darie, & à trauers ces voiles, ces rideaux, & ces grilles: y a-il quelque passage à la veuë? Certes il eust esté bien mal conseillé de reuoir des flammes legitimes qui l'eussent peut estre tourmenté de violentes passions plus fortes que les premieres. Et quand il l'eust desiré, & quand vous l'eussiez souhaitté, ses Superieurs & les vostres l'eussent-ils permis? l'eussent-ils deu permettre? Qui ne se rira, dit le Sage, de l'enchanteur que le serpent aura mordu? Au paradis terrestre de la Religion le fruict defendu c'est la veuë, il n'est pas loisible de regarder ce

qu'il n'est pas loisible de desirer. Darie, reuenez à vous, & n'accommodez pas la reigle de la necessité à la pierre ondoyante de vostre pensee. Le iuste niueau de nostre volonté, c'est celle de Dieu, il a eu plus de soing de vous, que vous mesme, & il vous a traicté plus vtilement & aduantageusemét pour vostre entreprise, que vous n'auiez desiré, que vous n'auiez esperé, tout en ira mieux, ainsi que sa paternelle Prouidence en a disposé, sinon plus legitimement, au moins plus asseurément. Il n'est question que d'vne circonstance, qui
certes,

certes n'interrompit iamais voſtre conſtante reſolution, mais qui en a beaucoup troublé & alteré le contentement.

Cependant noſtre Darie ſe voit en l'eſtat de ces criminelles qui ſe trouuét enceintes, dont la mortelle ſentence eſt ſuſpenduë iuſques au terme de leur accouchemét, car elle n'attéd que cela pour ſe conſacrer entierement à Dieu; il luy faut encores trois Lunes, qui luy ſont autant de ſiecles, durant leſquelles elle ſe reſout de ſouſpirer auec ſes compagnes, comme la fille de Iephthé ſon triſte veufuage. Elle paroist fort accoisee, ne faisant point paroistre au dehors la poincte de la douleur qui luy rongeoit le cœur, & qui blessoit son fruict: mais en fin le tout creua par vn orage qui la mit en poudre, & la coucha dedans le cercueil. Sa deuotion & sa ferueur s'augmentoit à mesure que sa vie diminuoit, ce n'estoit que frequétation de Sacremens, qu'Oraisons, qu'aspirations, que desirs de mortification, car l'effect luy en estoit pour lors interdict: elle estoit de longue main si façonnee aux vsances de la Religion, qu'elle y estoit au-

tant adroicte qu'vne Professe. Sa couersation commence à s'addoucir, mesme elle benit son desastre, recognoissant que Dieu l'a tenuë par la main droicte, la conduisant en sa volonté, & la receuant en sa grace. Vous diriez, que comme les rayons du Soleil couchant sont plus doux & amiables, & que comme l'haleine des Cicognes du Nil deuient parfumee quand elles sont voisines de la mort, que les dernieres actions de cette pieuse vie soient toutes assaisonnees de suauité, & de perfection: aussi est-ce vn flambeau aromatique qui
O ij

exhalera vne odeur excellente en s'esteignant, & comme vn de ces feux celestes que son eclypse rendra remarquable. I'ay quelque secrette pitié qui me touche, me sentant approcher du pas de ce religieux trespas : mais puis que c'est la guirlande qui coróne sa belle vie, & le trophee de ses genereuses actions, ie ne veux pas regarder ce poinct cóme vne mort, mais comme vn passage heureux à vne immortelle vie; il arriua inopinément, & tout ainsi qu'vne mine qui faict son esclat, & son esquarre, alors qu'on y pense le moins.

La Lune estoit à peine pour la seconde fois au milieu de son cours, depuis le iour que la nouuelle de la mort de Chrysanthe outra le cœur de Darie, & le frappa de ce coup qui luy donna la mort: la nuict estoit fort aduancee, & tout le monde enseuely dedans le plus fort du sommeil, lors que cette pauure veufue qui auoit desia perdu l'vsage du repos, pour s'entretenir de ces aigres pensees qui minoient peu à peu sa santé, & rongeoient les miserables restes de ce qui luy restoit de vigueur, & de vie, sentit tout à coup les tranchantes douleurs de l'enfantement, qui la vindrent surprendre. Elle n'auoit iamais senty de tels assauts ny de telles conuulsions: elle creut incontinent (& ne creut pas mal) que c'estoiét les agonies de la mort: elle crie au secours, comme celle qui pensoit tout à l'heure mourir; Sofronie esueillee accourt auec ses filles, faschee de deux choses, l'vne que ces tourmens precipitez arriuassent au terme d'vn certain mois que les Matrones tiennent par de longues & trop certaines experiences infauste pour les accouchemens;

l'autre, que ce fuſt à telle heure & auec telle violence, que l'on ne pouuoit ſans vn euident peril de mort tranſporter Darie hors de ceſte ſaincte Maiſon en vne voiſine, où elle auoit de longue main faict preparer les choſes neceſſaires à cette occurrence: mais la neceſſité, ceſte dure maiſtreſſe qui fait ployer toutes les loix ſoubs la force de ſon imperieuſe domination, la contraignit de franchir toutes ces conſiderations, & de penſer pluſtoſt à ce qui eſtoit preſent & ſi preſſant, qu'à des circonſtances inutiles, & pluſtoſt à l'eſſence qu'à la decence. Qui ne voit en cette rencontre (l'honneur neantmoins entier & la sainéteté du mariage sauue) quelque chose de semblable à cette Calipso qui se trouua en de pareilles detresses au milieu des Nymphes de Diane? Aussi la verrons-nous bien tost comme vne belle Ourse seruir d'vn astre estincelant dans le Ciel, qui addressera au port de salut ceux qui cinglent sur la mer orageuse de ceste vie: & pour parler plus sainctement & venerablement, nous l'allós voir comme vne autre Rebecca, rendant les derniers abois. apres auoir mis au monde celuy qui l'en fait sortir. Car ce petit enfant impatient de demeurer dauantage dans cette noire prison, où il n'estoit repeu que de melancholie & de larmes, comme de peur d'y pourrir & d'y mourir, & y mourant sans renaistre de l'eau & de l'esprit, remourir d'vne seconde mort qui le plongeroit dedans vne prison eternelle, s'efforce de rompre ces liens & de sortir de l'antre de ce ventre maternel, mesmes auant les iours destinez à la maturité de sa iuste naissance. A peine Sofronie eut-elle le loisir de faire retirer ses sacrees Vestales, & d'enuoyer promptement querir ces vieilles Sybiles qui ont accoustumé de presider à ces mysteres de Lucine, que ce petit homme se precipite dans la vie pour rouler dedãs la mort auant que de voir la lumiere du iour, que l'Aurore auec son sein paré de fleurs commençoit à vouloir faire poindre. Darie se mit en deux, dans les syncopes d'vne pasmoison si forte, qu'elle luy osta les sentimens de ses plus poignantes douleurs, & quasi la vie. Sofronie qui est tout cœur rend des deuoirs en cette occasion, & de

mere vrayement sage, & de
femme experimentee. Elle
voit en mesme temps sa fille
demy morte, & son petit fils
demy vif. Ie ne sçay si le cœur
d'Abraham au sacrifice de
son vnique fut iamais plus
partagé: à quelle necessité
courra-t'elle la premiere, elles
sont toutes deux esgalement
preignátes, & pour les corps,
& pour les ames. Certes, on
dit que qui mettroit vn esprit esgalement balancé entre deux puissantes affectiós,
luy feroit sentir vn martyre
insupportable, & qui met-
troit vn homme auec vne
faim esgale à la soif entre le

boire & le manger, le feroit au milieu de la viande & du breuuage perir d'inedie: car à quoy voulez-vous qu'il se resolue le premier, s'il est affamé & alteré d'vne proportion esgale? & si vous me dónez vn cheueu esgalement fort par tout, il ne rompra iamais, car par où voulez-vous que premierement il rompe? toutefois on dict que quand on veut esprouuer quel de ses Aiglons l'Aigle cherit dauantage, il ne faut que les mettre hors du nid, & remarquer celuy que le premier elle y reporte, car c'est le petit de son cœur. Ainsi en faict

Sofronie, car se voyant grandemere, & ce feu, à ce qu'on dit, se faisant plus impetueux en descédant, sçachant d'ailleurs les sainctes dispositiós de l'ame de sa fille, elle accourt à l'vrgente necessité de ce petit, auquel voyant des signes de mort assez aparés pour haster sa regeneration, elle prend de l'eau, & luy administre promptement ce lauement sacré, qui nous met au roolle des enfans de Dieu, & qui ouure les portes des Cieux à ceux qui meurent ainsi en cet estat d'innocence. Ce pauure enfançon n'eut pas pluſtoſt payé par ſes cris

& ses larmes la recognoissance commune des miseres de cette vie, & ouuert ses paupieres à la lumiere des flambeaux, qu'il cómence à tourner les yeux vers le sommeil perpetuel de la mort, & à tirer vers le tribut que tous les humains doiuent a la nature. Vne heure ou deux, ce fut le cours de sa vie: heureux enfant, selon le plus sage des mortels, d'auoir aussi-tost veu son suaire que ses langes, sa tumbe que son berceau. Il a assez vescu pour ne mourir iamais de la mort seconde, & pour estre exempt des calamitez de cette triste vie; il est assez tost mort pour iouyr à iamais de la bien-heureuse eternité. Allez, belle fleur, qui comme le lys & la rose voyez vostre fin en naissant, allez voir sous vos pieds ces astres qui eussent roulé sur vostre teste, si vous eussiez vescu icy bas, vostre Pere vous appelle, comme vous appellez vostre Mere, qui vous suiura dans le rond de la carriere d'vn Soleil, & qui ne vous suruiura que d'vn iour. Que dit Sofronie au desastre de la perte de cet astre, duquel elle esperoit l'Orient d'vne nouuelle ioye. Certes, elle ne dit mot, ou saisie de la grandeur de cette attainte, ou pour la force de son courage, ou pour ne faire paroistre à sa fille en l'estat où elle la voyoit, vn desplaisir qui aduançast son trespas. Il faut cófesser qu'il se voit peu d'ames feminines de cette trempe. Et que la grace a vne merueilleuse puissance pour r'enforcer la foiblesse de la nature. Car si Dieu ne l'eust manifestement soustenuë, tant de furieux accidens coup sur coup suruenus, n'estoient-ils pas plus que capables de la faire mourir? Neantmoins comme vn Antee, elle se releue plus vigoureuse de ce premier terrassement, & elle se prepare à boire vn nouueau calice au trespas de sa chere fille, qu'elle voit aussi prompt qu'euident. Qui a iamais veu vne mere poule defendre de bec & d'ongles ses petits poussins des griffes de l'oyseau de proye, elle regrette ceux qui sont desia deschirez par les cruelles serres de ce rauissant animal, mais elle ne laisse pas de faire tous ses efforts, pour la defence de ceux qui restent encor en vie. Voyez-vous Sofronie qui luitte contre la mort, qui fait vn cruel rauage de ceux, que selon le cómun vœu de tous les parens, elle desiroit luy suruiure dedans le monde. Elle oppose son soing, son secours, & sa solicitude contre ceste meurtriere, les coups de laquelle sont ineuitables, & les playes sans remede. C'est le tout en ces rencontres de mesurer son deuoir à sa puissance, & de rendre des preuues manifestes de sa bonne volonté. Aussi que ne fait-elle? quels tesmoignages d'industrie, d'addresse, & de resolution, ne rend-elle en cet orage qui la menaçoit du naufrage de la chose du monde, qui luy estoit la plus precieuse?

Darie secouruë d'vne assistance si forte, & aydee encores de la vigueur de son aage, reuint à la fin de cette longue pasmoison, le visage tout changé, les yeux battus, & comme nageans dās la mort, les leures perses, le front glacé, & la couleur toute perduë. Et comme ce que nous auons le plus profondement graué dedans l'ame, est en ces symptomes ce qui nous viēt le premier en la bouche, la langue agissant par l'abondāce du cœur, elle commença d'vne cassee & mourante voix, à demander des nouuelles de ce qu'elle auoit mis au monde, & qui n'y estoit desia plus. Sofronie d'vn frõt si serain, qu'il n'auoit aucune marque de tristesse, luy respond que Dieu luy auoit donné vn fils, qui auoit ramassé en soy les graces de son Pere, & les beautez de sa Mere, & qu'elle se resiouyst d'auoir faict vn petit Ange. Cette pauure agonisante desireuse d'effacer les douleurs de son enfantement, par la veuë de ce petit homme, à qui elle auoit donné l'estre, toute empressee, demande de le voir, & c'est icy où la sagesse de Sofronie fut deuoree, car ne pouuant contenir dauantage ce feu cuisant, qu'elle cachoit dans son sein, son cœur creué dans son estomach, & distillant par ses yeux, trahit par anticipatió les excuses qu'elle auoit de la peine à trouuer dans sa candeur, où la duplicité n'a point de place, pour escarter cette proposition. Alors Darie se souuenant de ce mot d'Ange que sa mere auoit innocemment proferé pour diuertir sa douleur, tirant vn grand souspir de ses entrailles, Helas, dit-elle, ma chere Mere, ce pauure enfant a-il vescu si peu qu'il soit desja parmy les Anges? hé! ie vous prie ne redoublez pas mes angoisses par la perplexité, car ceste anxieté me seroit plus difficile à digerer qu'vne resolution courageuse. Cette ferme determination née au milieu de tant d'angoisses contraignit Sofronie à luy dire tout naifuement que cet enfant auoit à la poincte de l'Aurore comme vn autre Jacob luitté contre l'Enfer, & remporté la benediction eternelle par la regeneration du Baptesme, & qu'il y auoit en cet accident plus de graces à rendre à la Bonté de Dieu, que de plaintes à faire, puis qu'il auoit en si peu d'espace changé les miseres de ceste vie qui se traine parmy les hommes aux felicitez eternelles de celle que l'on mene parmy les Anges. O forte fille d'vne forte mere, Ie pensois, dit Darie, que l'ayant mis en vie ie rendrois volõtiers le tribut à la mort; mais maintenant qu'il est mort, & si bié mort, ie mourray encores plus volontiers, puis que le seul filet qui me pouuoit attacher icy bas est tout à faict rompu: la vie & la mort me sont à present indifferentes, que la saincte volonté de Dieu soit faicte, c'est ce que i'attends auec resignation, c'est à ce coup qu'il m'a ouuert l'aureille, & ie ne contredis plus; & puis les sentimens de la nature donnans de violens assauts à sa raison: Qui est-ce, disoit-elle, qui a redonné la clairté à mes yeux, & rendu mon ame à mon corps, pour me rauir cette douce tranquillité dont ie iouyssois estant esuanouye? pourquoy falloit-il que ie r'ouurisse les yeux pour apperceuoir le deplorable spectacle de cette eclypse? à quel plus fascheux destin me reserue l'inclemence du Ciel, & de quelle composition est formé mon cœur, pour endurer de

rer de si estranges attaintes,
& ne mourir pas? Faut-il que
mes lamentables malheurs
me facent desirer cette mort,
que tout le monde essaye
d'euiter par toutes sortes
d'industrie, & que ce qui est
le plus grief de tous les maux
soit l'vnique remede de mes
miseres? Mais Sofronie qui
sçait bien que la conclusion
de cette saillie d'esprit n'aboutit
 pas dans la patience,
& que ce n'est pas de cette
main qu'il faut prendre la
mort, tranche le fil de cette
iniuste plainte, en luy disant:
Comment, m'amie, estes-vous
 enuieuse de la félicité

d'vn Ange? n'estes-vous pas trop heureuse d'estre la mere d'vne creature que nous ne pouuons douter estre maintenant parmy les ordres Angeliques, sans offencer irreligieusement nostre creance? n'ay-ie pas comme grande mere autant & plus perdu que vous? Certes i'ay plus d'amour, mais aussi par la misericorde de Dieu, i'ay plus de courage : il est vray que l'indisposition qui estonne vostre corps, r'abbat aussi vostre cœur : quand vous serez plus saine, vostre raison sera plus forte, & lors vos regrets seront changez en allegresse, vos plaintes en remerciemés. Il faut vouloir ce que Dieu veut, c'est regimber contre l'esperon, que de contrarier à cette souueraine volóté, premier mobile, qui donne le branfle à tous les euenemés. Pensez seulement à vous r'auoir, car c'est ce que Dieu defire de vous, en l'estat où vous estes: ces paroles pouffees auec vn zele, & vne resolution digne d'vne telle Mere, eurent tant de pouuoir sur le cœur de la fille, qu'elle se fentit affez fortifiee, pour faire vn acte bien genereux en cette extremité. Ma Mere, dit nostre agonifante, permettez que ie reuoye en cet enfant l'image morte de Chrysanthe, auant que la terre couure ce que i'estimois deuoir seruir de lumiere à mes yeux. Ie vous demande cette grace, comme vne singuliere faueur, ie vous supplie, ne me la refusez pas, que dis-ie, mais ne me repliquez point, car autrement vous me laisseriez vn perpetuel regret dedans le cœur tout le reste de ma mourante vie. Sofronie ne sçait plus où elle en est, & si son cœur n'eust esté de fine trépe, cette poincte l'eust trauersee de part en part ; elle inuoque l'ayde de Dieu, par vne viue aſpiration, & ſe faiſant vn effort extraordinaire, elle meſme porte à ſa fille ce petit corps ſans ame, que l'on alloit mettre deſſoubs la lame. A peine que le cœur de l'vne & de l'autre ne fendit de douleur, mais parce que cet object eſtoit capable de faire naiſtre de la pitié aux lieux les moins ſenſibles, de peur de quelque accident, elle le laiſſa ſi peu entre les mains de Darie, qu'elle n'euſt que le loiſir d'y remarquer le vray pourtraict de Chryſanthe, le baiſer tendremét, & luy donner ſa benediction. Cet eſclair la frappa cóme vn foudre, & luy fit presque perdre le souuenir, & la cognoissance de soy-mesme. Helas! elle pensoit bien que ce deust estre son Benjamin, l'enfant de sa ioye, & ce fut son Benoni, l'enfant de sa douleur.

Les grandes portes de l'Orient s'estoiét ouuertes pour faire place au chariot du Soleil, qui reprenoit sa carriere sur nostre horison, quand les douleurs de nostre languissante commencerét à se rendre si fortes, que l'on iugea qu'elles la menaçoient de mort: les Medecins sont mádez en grande haste, & corporels, & spirituels: tandis que ceux-là s'assemblét pour faire leurs cósultations, dont le resultat ne promet rien de bon, l'excellent Medecin spirituel Theophile est appellé; c'est luy qui sçait auec la langue guerir toutes les playes interieures, qui comme vn bon Pasteur, sçait, non seulement paistre ses brebis, quád elles sont saines, mais les panser quand elles sont malades, & renoüer ce qui est deslié, consolider ce qui est froissé, restablir ce qui est disloqué, & appliquer tout ainsi que le Samaritain l'huille & le vin aux playes de ceux qui sont tombez entre les mains des pechez, qui sont les assas-sins du chemin de Iericho. L'on sçait assez que c'est la coustume en ces mortelles extremitez d'admettre aux Infirmeries de ces lieux, à qui l'inuiolable closture a donné le nom de Cloistres, ceux qui par la necessité de leur condition y doiuent estre appellez; Theophile y accourt pressé de son soin pastoral, mais beaucoup plus de sa sollicitude paternelle, & y entre reuestu des ornemens conuenables, & accópagné de personnes religieuses & de gens de singuliere deuotion, pour estre tesmoins de ses actions,

& comme spectateurs d'vne fin si memorable: entre dedans la chambre de nostre malade remplie du desordre & de la confusion d'vn accident si peu attendu; cet astre dissipa ce chaos, & les rays de sa face venerable firent cesser l'orage: s'approchant du lict les mains remplies de la myrrhe esleuë de ses plus douces benedictions: Mon Pere, luy dit Darie, d'vne voix qui passoit ses forces, mais formee par la Constance au milieu de ses plus cruelles douleurs, Ie pense qu'il faut mourir. Mourir, repliqua Theophile, est vn arrest irreuocable prononcé à tous les mortels depuis la naissance du monde. Il ne s'en faut non plus estôner que de la vie, puis que c'est côme l'ombre du corps, & vn accident inseparable de nostre estre. Personne ne meurt qui n'aye vescu, personne ne vit qui ne doiue mourir. Mais est-ce moy qui dois mourir, ma chere fille, le Ciel vous a t'il destinee pour truchement de ses volontez, afin de me faire cet ambassade, & m'aduertir de penser à moy? Helas! mon bon Pere, repart Darie, Dieu vous conserue pour le bien de son Eglise, & pour le salut de tant d'ames, que vous conduisez auec tant de sainteté. C'est de moy que ie parle, car ie me sens enuironnee des douleurs de la mort, auec vne telle cruauté, que ie n'attends que l'heure d'expirer parmy des conuulsions si horribles. Hé! vous soyez le bien venu, pour ayder à mon ame à sortir de ce miserable corps, duquel ma bone Mere vient de recueillir vn enfant, qui a veu la mort quasi aussi-tost que la vie. A ce mot oppressee de douleurs corporelles, & accablee de spirituelles, elle tomba en syncope, dont on eut de la peine à

P vj

a faire reuenir. Refueillee de ce profond sommeil, comme mettant la main à sa derniere & plus poignáte playe: Mais est-il bien possible, dit-elle, que Dieu m'aye faict tát de misericorde, que de me rédre la Mere d'vn petit Ange? Theophile, sans perdre temps, Il est ainsi, ô ma fille, ne vous est-ce pas beaucoup d'hóneur & de consolation; ô que vous offenceriez son bonheur, si vous le troubliez par vos souspirs : ô que vous auez resiouy les Anges, de leur auoir auiourd'huy dóné vn nouueau cópagnon, mais que vous les resiouyrez bien encores si vous voulez, par vne entiere conuersion de voſtre cœur à Dieu, sans vous amuſer dauātage à penſer aux chetiues creatures indignes de la conſideration d'vne ame deuotieuſe: Ouy, car l'Eſcriture nous aſſeure qu'il y a grande feſte dans le Ciel parmy les Anges ſur le retour d'vne ame à Dieu. La pluye ne vient point ſi à propos ſur l'herbe qui languit ſoubs vne longue ſechereſſe, comme ce motton ba bien à poinct ſur cette ame pour y effacer comme d'vn traict d'eſponge les idees qui la retardoient de s'eſleuer & s'eſlancer en Dieu. C'estoit vn oyseau qui auoit des aisles pour faire essor dans le Ciel, mais qui estoit retenu par les filets & la glu de mille petites considerations iustes en apparence, qui n'estoient pas mauuaise en effect, mais inutiles: c'estoient des toiles d'araignee qui embarrassoient le miel de sa plus pure deuotion.

Aussi tost dict aussi tost faict, ce cœur estoit le bon terrein de l'Euangile qui fait germer au centuple le grain de la diuine parole, parole qui ne donne iamais coup en vain en des sujets disposez à l'entendre, loy immaculee, qui conuertit les ames; tesmoignage fidele, qui donne de la sagesse aux moindres: la grace n'est iamais vuide en ceux qui la veulent reciproquer, & elle ne retourne iamais sans effect à celuy qui l'a departie. Elle mesme demande à Theophile la grace qu'il ne refuse à personne, de descharger sa conscience entre ses mains: il est aussi prest à entendre qu'elle à dire; les assistans se tirent à quartier; & bien que peu de iours auparauant cette attainte funeste elle luy eust faict au tribunal de la Penitence vne declaratió vniuerselle de sa vie, & vne generale exomologese auec vne extreme cóponction de cœur, neantmoins cóme les terreurs de la fin sont pressantes, elle fit cette derniere accusation de ses fautes auec tant de sentiment interieur, qu'il sembloit qu'elle deust plustost mourir de la douleur de ses pechez, que de celle de sa maladie. Cela faict, & le benefice de l'absolution receu par ces mains Pontificales, cette Onction diuine iointe aux suaues remonstrances de cet Ange du Seigneur, dont les leures sont depositrices de la science, eus tant de force, qu'elle se sentit beaucoup allegee, tant le corps a vne estroitte sympathie auec l'esprit, que la guerison de l'vn contribuë à celle de l'autre: ce qui deuroit apprendre aux malades à recourir aux remedes spirituels, puis que la saincteté, & la santé sont si estroittement associees. La voila dans vn interualle si gratieux, qu'elle sembloit tout à faict guerie: & son esprit si baloyé de ces broüillards de pensees terrestres, que c'estoit la mesme serenité: elle ne veut plus ny viure, ny mourir, sinon pour plaire à Dieu, & executer fidelement sa volonté. Theophile prend ce temps calme, & que l'on vouloit employer à remettre son corps en meilleure disposition, pour aller au sainct Autel offrir le Sacrifice à Dieu, pour le soulagement de cette Mere affligee de corps, & de la grâde Mere, beaucoup plus trauersee de cœur. Datie le sçachát, le supplie de luy faire cette faueur de luy administrer la tressaincte Eucharistie, s'il l'en iugeoit capable, afin d'estre preparé par ce pain vif & viuifiát au passage d'vne meilleure vie, & à tous les euenemens qui pourroiét naistre de son mal. Voyez comme les bonnes ames preuiennent par ces desirs les remonstrances de leurs Pasteurs; desirs que l'on a tant de peine d'inspirer à celles qui ayans leur paix & leur affectió en la terre n'abborrét rien tant que la mort. Qui eust peu refuser vne requeste & si iuste & si saincte? Theophile en est tout consolé, & en verse des pleurs, meslez de desplaisir, & de ioye, voyant en la langueur de ce corps abbatu vne ame si forte & si vigoureuse. Le Sacrifice acheué il apporte le saint Viatique à la malade auec vne grande solemnité. Tout estoit si bien paré, tout disposé d'vn si bel ordre, les Religieuses auprés de Sofronie rengees en vne si deuotieuse ordonnance, que vous eussiez dict que le Paradis estoit descendu en terre pour venir accueillir cette belle ame, côme certes il estoit par la presence du Corps & du Sang de ce Seigneur qui a crée la terre & les cieux. Ie ne sçaurois bien representer l'extreme deuotion de Darie & de toute cette couronne sacrée qui l'enuironoit, que par l'estonnement, & en logeant l'admiration à la place des paroles. Le sang remontant

DE DARIE. 357
au visage glacé de nostre malade y fit esclorre mille roses en vn instant, qui meslées auec les lys de son teint la parerent des couleurs du bien aymé qui est blanc & vermeil; son mal ne luy permettant point vne autre assiette, elle demeura immobile cóme vne statuë dedás son lict, & les yeux baignez de larmes, le cœur humilié & réply des odeurs de plusieurs viues aspirations: elle receut celuy qui est le mesme parfum, & dont le nom est vn baume respandu. Elle le receut pour la derniere fois en terre, sous le voile des especes, pour le

voir le mesme iour face à face, & sans enigme dedans les Cieux, en l'eternité des siecles. Theophile l'exhorta, & toute cette beniste assemblee, en peu de paroles, mais si viues, & si efficaces, que les fleurs dót la chábre estoit semee furét arrosees de pleurs, à peine que les prieres n'esclatterent de pitié : grand effect de la dextre de Dieu; cette Communion ne fut pas plustost faicte que Darie sentant son cœur ardent, comme vn charbon amorty r'allumé par vn vif, se sentit deschargee de toute la rouille des pésees caduques qui l'appesantissoient auparauant; & comme tout à faict desprise & destachee de toutes les choses creées, elle n'eut plus d'autre obiect que ce Dieu qui l'auoit tant fauorisee, que de la repaistre de la graisse de son froment d'elite. Et apres son actió de graces, se tournát deuers Theophile, qui ne l'abandonna plus iusques à son dernier souspir. C'est à present, dit-elle, ô mon Pere, que ie suis toute à Dieu, à la vie, & à la mort, car il est le Dieu de la vie & de la mort, de mon corps & de mon ame. C'est maintenant que libre de sou-

cy, & deliurée de la crainte des assauts qui me persecutoient, ie desire le seruir à iamais, & demeurer en sainčteté, & en iustice deuát sa face. Hé! quel sacrifice de loüange luy rendray-ie, d'auoir ainsi fracassé tous mes liens; Mon cher Pere, si ie meurs maintenant, ie n'emporterai que ce seul regret, de n'auoir peu estre Religieuse, mais si ie releue de cette extremité (ce qui se peut plustost desirer qu'esperer) ne me promettez vous pas de me faire aussi-tost receuoir en cette saincte Congregation? Theophile rauy de voir
ce cou-

ce courage faire de soy-mesme, plus qu'on le luy suggeroit, pour luy oster tout à faict ce soing qui la pourroit diuertir de quelque meilleure pensee en ce temps que les Medecins luy auoient dict deuoir estre bien court, à cause de l'accident que nous dirons tátost, qui tire l'ame du corps auec insensibilité, luy dict que son regret doit faire place à la consolation, puis que le desir qui le faict naistre peut estre non seulemét accomply apres sa maladie, mais en sa maladie mesme, & qui plus est, dés l'heure presente. Ce n'est point, pour-suit-il, vn project inopiné, ny nouueau, il est projetté de si longue main, promis auec tant de solemnité par Sofronie, & tant de fois approuué par mon iugement, que l'habit Religieux est vne chose qui ne vous peut estre refusee à telle heure que vous le demanderez. Darie comme ressuscitee par cette nouuelle, Helas! dit-elle, mon Pere, est-ce vne chose qui se puisse faire ainsi, mais n'est-ce point plustost pour me consoler en parole qu'en effect, que vous me rendez ce bien si facile? ie pensois que ce fust encor vn grad priuilege, d'estre enterré en l'habit Religieux, comme a esté le pauure Chrysanthe (à ce mot elle tira vn souspir ardant du plus creux de son estomach:) mais que durant la maladie on puisse receuoir l'habit, & commencer son Nouitiat, certes ie ne le croyois pas, veu mesmes que i'ay veu ceans r'enuoyer des Nouices, parce qu'elles estoient presque tousiours malades. A cela Theophile, Non seulement, ma fille, cela se peut, mais qui plus est, se fera tout presentement, si vous l'auez agreable : & ie vous diray bien dauantage, que suiuant le vœu que vous auez si souuent faict d'estre Religieuse apres le trespas de voſtre mary, nous pouuons sans scrupule vous receuoir, non seulemét à la condition de Nouice, mais à celle de Professe: De sorte, que si Dieu vous appelloit par cette maladie, vous mourriez vraye Religieuse, & ayant faict vne solemnelle profession. Songe-ie, disoit Darie, ô mon bon Pere, ou veille-ie; car vous me dittes des choses que ie n'ay iamais pésees, seulement en songe, & qui me transportent d'vn tel ayse, qu'à peine ay-ie aucun sentiment de mes douleurs. Mais je vous prie, dittes-moy tout simplement, cela est-il faisable; car si cela est, ie n'ay plus que ce bon-heur à desirer, & puis mourir. Lors Theophile, Il est si faisable, ma fille, qu'outre la protestation que ie vous fay, que ce sont des termes de verité, & nó des paroles feintes, qu'il ne faut que vostre consentement, pour voir en vn moment reüssir toutes ces choses: & Darie, Mon Pere, vostre dire m'est vn oracle, mais vn oracle si fauorable à la vehemence de mon desir, que son impetuosité suspend ma creance. Helas! ie dóne pour cela tout le consentemét de mó cœur, ô Iesus, c'est à vous à qui mon cœur le dit, que ma face vous cherche, & recherche vostre face. Ouy, mon tres-honoré Pere, ouy, ne differons point aux agonies où ie suis, la mort est bien plus certaine que la vie. Et puis se tournant vers Sofronie, Et vous, ma tres-bonne Mere, ne me refusez pas, ie vous prie, cette felicité, que vous auez tant de fois promise à mes desirs, helas! ie sçay bien que vous auez si peu de consideration pour la chair & le sang, & vne si claire cognoissance de mes imperfections, que vous m'en iugerez indigne ; mais ie m'asseure que la volonté du grand Theophile sera la vostre, & que fermant les yeux sur tant de defauts qui sont en moy, vous acquiescerez à son aduis, & à mes souhaits, afin que ie meure contente. Puis serrant les mains de Sofronie qui auoit le cœur bien plus serré, Non, dit-elle, ma douce Mere, ie ne vous lascheray point que vous ne m'ayez promis, voire donné cette benediction. Lors Sofronie : Refuser de si iustes desirs, ce seroit vne iniustice extreme, & qui appelleroit sur ma teste la vengeance des Cieux, ma chere fille, mon desir en ce poinct est plus ardent que le vostre, permettez donc que ie vous aille querir ma premiere robbe religieusement nuptiale, afin que si Dieu vous appelle, vous apparoissiez deuant sa face en cet habit parfumé de saincteté & de Religion, & auec lequel les benedictions eternelles sont indubitables. Elle va querir cet habillement, & cependant Theophile prepare le cœur de la mourante Nouice. Les ceremonies qui sont plustost de la decence que de l'essence, sont retranchees en vn temps si precipité. L'habit luy est mis, auec la benediction accoustumee, le Chœur chante quelque verset, aussi-tost on luy oste, cóme à vne infirme, excepté le voyle blanc, que l'on luy laisse pour sa consolation, & cóme à vne Nouice. Theophile continuë ses exhortations, qu'elle escoute, auec autant d'auidité, que les meres perles reçoiuent la rosee des Cieux: elle sauoure cette parole sacree, comme vne manne sucree, & toute celeste, elle se respand comme vn baume precieux dedás son cœur, elle ne perd pas vn mot, sans en faire son profit. Plus l'heure s'aduance, plus s'approche sa fin, elle deschet visiblemét de corps, & accroist de courage. Ce n'est pas tout, ce que vous m'auez promis, dit-elle à Theophile, car ie sens bien venir la mort à grands pas, vous plaist-il pas que ie meure Professe? Là dessus Theophile consulte auec Sofronie, & Sofronie auec ses filles, durant que Theophile prend encores l'aduis des Medecins, qui font des conclusions de mort asseurees, puis faisant vne autre consultation auec les Ecclesiastiques qui l'accompagnoiét en cette action, pour le regard de ces vœux, après vn Nouitiat si court, ils conclurrent qu'elle les pouuoit faire, puis que son vœu general d'estre Religieuse embrassoit tous ces vœux particuliers: les filles firent vne pareille conclusion, mais sur vne raison differente & digne de filles: elles l'auoient veu viure si long temps parmy elles à diuerses fois, selon les absences de Chrysanthe, & viure si religieusement en pratiquant d'vne obseruance fort exacte toutes les fonctions, mesmes les plus abiectes de la Religion, qu'elles la tenoient plus que capable d'estre professe, & toute autre espreuue inutile. Cette pratique n'est-elle pas à vostre aduis aussi forte que toute la theorie des plus sçauans? Theophile, toutes ces voix assemblees en vne, donne à Darie la nouuelle de sa reception à la saincte profession Religieuse, il luy expose sommairement l'essence, les qualitez, & les conditions des vœux: mais elle qui sçauoit tout cela de longue main, instruitte en vne si bonne eschole, & qui aspiroit d'expirer dedans vn voyle noir, la voila qui reprend, comme par vne permission diuine, vne vigueur inesperee, & d'vn visage plus riant que languissant, d'vne face & d'vne façon toute contente & allegre, elle voüe ses vœux au Dieu de Iacob, elle les rend deuant toute cette deuote & Religieuse assemblee, afin de mourir en Dieu, de la mort precieuse des Saincts : elle les prononça aux paruis de la maison de Dieu, au milieu de cette mystique Hierusalem, ou demeure de paix, d'vne voix non seulement si ferme, mais si forte, que ceux qui l'entendirent y remarquerét vn manifeste miracle. Le Chœur chanta encores vn second motet, en signe d'allegresse, tandis que Theophile benit le voyle noir, & que Sofronie le met sur la teste de sa pauure fille. Fille si rauie de ioye & de contétement, que la douceur de son cœur assoupissoit la douleur de son corps. Ce n'est pas le tout, dit-elle, que d'estre Religieuse, & Religieuse Professe, il en faut faire les actions, ou pour le moins les actes interieurs; si la force nous manque pour produire les exterieurs. Theophile admirant vn esprit si meur en vn aage si vert, seconde volontiers ce beau dessein; & comme il est aduisé, il commence à luy demander, si estant maintenant clouëe à la Croix de son Espoux crucifié auec les trois clouds de ses vœux, elle ne vouloit pas bien commourir auec luy pour corregner auec luy, ce qu'elle accepta d'vn franc courage. Et comme il ne faut pas negliger les remedes en ces extremitez, il luy faict pratiquer l'obeyssance en les prenant contre son goust, & côtre son cœur, en luy ramenteüant le vinaigre & le fiel dont le Sauueur pour son amour auoit esté abbreuué à la Croix, où par obeyssance, il auoit voulu mourir d'vne mort esgalemét ignominieuse que douloureuse. Il luy faict mettre la pauureté en pratique, en la faisant abstenir des choses nuisibles que son appetit malade demádoit quelquesfois, ce qu'elle faisoit sans contradictió. Quát au desir de mourir dans le sac & la cédre, à l'imitation de Chrysanthe, il luy fut accordé, pourueu qu'elle le demandast auec soumission & resignation, ce qu'elle fit sans difficulté. Il n'estoit point de besoin de luy parler de la chasteté, car cette vertu estoit nee auec elle; ce ne luy estoit point vn accident, ou si vn accident il estoit inseparable de sa substance & de son naturel. Quant à la Closture, vœu sans lequel nulle Religion de filles peut estre appellee Religion, & qui est comme l'auant-mur qui cóserue tous les autres, & comme l'elemét hors duquel s'ils ne perissent tout à faict, ils deperissent à veuë d'œil: elle en fit vn acte estrange, car elle se resigna de soy-mesme à la closture perpetuelle, nó pas de cette maison seulement, mais du tombeau; car ressentant bien à ses excessiues douleurs que l'heure de partir de ce monde estoit venuë, elle pressoit Theophile de luy faire faire plusieurs actes de diuerses Vertus, luy estant aduis que c'estoient autant de fleurs qu'elle cueilloit d'ás vn beau parterre, dont elle se façonnoit des guirlandes, pour paroistre en ce florissant equipage deuant son diuin Espoux. Comme elle auoit l'esprit doux & pliable, elle fit des actes de resignation du tout admirables : elle en faisoit assez de mortification par les tranchantes conuulsions qui la tourmentoient,

& qu'elle offroit à nostre Seigneur par de viues aspirations en l'vnion des souffrances qu'il auoit endurees pour elle sur le Caluaire. Quelquefois gemissant sous les cruelles poinctes qui l'assailloient, elle demandoit d'vne voix basse & foible à Theophile: Mais, mó Pere, n'est-ce point vne infidelité enuers nostre cher IESVS, que de se plaindre ainsi. Nenny, ma fille, respondoit ce bon Pere, auquel l'admiratió empeschoit quasi l'vsage de la parole. Si en l'interrogeant il luy demandoit si elle n'estoit point assaillie du costé de la foy; asfauts ordinaires de Sathan en ces dernieres agonies, pour esbransler les fondemens de nostre salut, Nullement, disoit-elle, car ie meurs fille de l'Eglise, parole qu'elle auoit apprise de la lecture des œuures de la B. Therese de IESVS. Quant à l'esperance, elle l'auoit fort viue, car quelles poinctes, ou quelles ombres de desespoir eust peu former vne vie si innocente? Ce n'est pas que sa confiance preiudiciast à son humilité, car le prudét Nocher qui códuisoit cette barque au port de salut, la sçauoit bien faire cingler droictemét entre ces deux gouffres, où tát d'ames font naufrage, la presomptió & le desespoir, par vne route iuste qui s'appelle, l'humble confiance en la misericorde de Dieu. C'est là ce milieu où consiste la seureté. O Dieu, qui pourroit exprimer le sentiment cordial auec lequel elle produisoit des actes de contrition & de repentance de ses pechez, elle tiroit du miel de ce thim amer, comme vne abeille industrieuse, & ne ressentoit aucune douceur si grande, que de bien former cette iuste & viue douleur. Elle se reconcilioit quasi à chaque moment, &

demandoit tantost la benediction, tantost l'absolution à Theophile. Et comme la pierre descend auec d'autant plus d'impetuosité, qu'elle est voisine de son cétre, plus son cœur s'eschauffoit en la deuotion, & plus le feu s'embrasoit en sa pensee. Iusques où alla cette ame, elle alla iusques à ce degré qui tenoit S. Paul en suspens, s'il deuoit desirer la mort, ou la vie. Car ce grand Apostre disoit à ses disciples: Ie desirerois estre deslié pour viure auec mon Sauueur, mais ie ne sçay si ie dois souhaitter de demeurer pour le bien de vos ames. Et noſtre malade tantoſt aſpiroit à la prompte depoſition de ſon tabernacle mortel, pour voir la face de ſon Dieu, & reuoir en la gloire ſon Chryſanthe, & ſon fils, tantoſt recognoiſſant ſon indignité & ſa miſere, par vne profonde humilité, elle ne deſiroit la vie que pour faire penitéce de ſes pechez. Quelquesfois le deſplaiſir de laiſſer ſa chere Mere, & la douleur qu'elle voyoit peinte ſur ſon front, luy liuroit de ſanglants combats. Mais elle eſtoit incontinét reſoluë par vn acte de reſignation, & de ſouſmiſſion à la volonté de

Dieu. L'on auroit aussi-tost compté les estincelles qui sortent de l'ardente bouche du Vesuue, que les aspiratiõs continuelles souspirees par ce cœur sainctement embrasé: leur quantité est innombrable, & leur qualité inexplicable. Il faudroit des paroles de feu, pour bien exprimer leur ferueur. Le sçauant Theophile luy en suggeroit de toutes les façons, qu'elle repetoit comme vne Echo, auec vn accét pitoyable: ores il l'induisoit au desir du Ciel, par ces traicts enflammez du Psalmiste, Quand viendray-ie, & apparoistray-ie deuant la face la face glorieuse de mon celeste Espoux? qui me donnera des aisles de Colombe pour voler au vray repos? & cent autres semblables, ou inspirez par la deuotion, ou tirez des Escritures sainctes. Ores il luy proposoit le mespris de la terre, par ces paroles, Que veux-ie au Ciel, & en la terre, sinon vous, ô le Dieu de mó cœur, & ma part eternelle? Ou bien par celles-cy du grand Apostre, I'ay mesprisé toutes les choses creées comme de la fange & de l'ordure, pour auoir les bonnes graces de mon Sauueur. Ou par ce mot du B. Ignace, O

R

que la terre est laide, & que le Ciel est beau. Iamais vn genet genereux, la fleur de l'Andelusie, enfant de l'air, & plus viste que le vent, n'eut tant de prestesse soubs la main d'vn adroit Cheualier, que cette ame auoit de promptitude pour obeyr à son Directeur, & poursuiure les mouuements de pieté, dont il esueilloit son courage. Vous eussiez dit que c'estoit vn oyseau battant des aisles, pour se haster de paruenir en son repos. Le Cerf mal-mené de la meute, ne respire point la fraischeur des eaux auec tant d'alteration, que cette agonisante estoit desireuse des viues sources de la gloire. Comme le feu sepaɾe la chair des os, celuy de la charité descoloit son esprit de sa chair, & paruenoit peu à peu iusques à cette subtile diuision de l'ame & de l'esprit, des cartilages & des moëlles dont parle le Docteur des Nations. Entre tous les actes des Vertus que le sage Theophile luy fit pratiquer par de courtes, mais viues & frequentes oraisons iaculatoires; ceux de la charité furent comme les plus excellens, aussi les plus multipliez. Ce n'estoient qu'eslancemens d'Amour, par lesquels elle vnissoit sans cesse toutes ces souffrances aux merites de son cher Crucifié. O mon IESVS, disoit-elle, vostre Amour, & rié plus. Tantost: Faictes, mon doux Maistre, que la roüille de mes iniquitez s'aneantisse dans le feu de vostre dilection sacree. Apres elle souspiroit auec S. Bernard (auquel elle auoit vne particuliere deuotion, pour estre nee en mesme Prouince, & non gueres loirg du lieu où cet excellét seruiteur de Dieu auoit pris naissance) O Seigneur, faictes que la force enflammee & emmiellee de vostre Amour, face esuanouyr de mon ame l'affection de tout ce qui est sous la cappe des Cieux. Et encores, O feu diuin! ô douce flamme! ô IESVS l'Espoux de mon ame! ô mon doux Sauueur, faictes que ie meure en moy, & que ie viue en vous. Soit que ie viue, ou que ie meure, ie suis à mon Sauueur. O IESVS, vostre dilection est forte cóme la mort. Faittes, mon sainct Amour crucifié, que rien ne me separe de vostre charité saincte. O Seigneur, ie suis toute, toute, toute, & totalement, & irreuocablement à vous. O mon Seigneur, hé! que voulez-vous que ie face. Elle estoit plus insatiable de ces traicts sauoureux, qu'vne abeille n'est auare de fleurs, que le Printéps n'en est fertile. C'estoit sa pasture bien-aymee, c'estoit l'aliment de son corps, l'element de son cœur, elle en eust espuisé, & la memoire de Theophile, & les liures les plus abondans en ces saillies d'esprit. Quelquesfois Theophile retournát son esprit vers les Saincts ausquels elle auoit vne deuotion particuliere, comme à S. Bernard, riche hóneur de son pays, à S. Benigne, qui en est l'Apostre, à S. Claude, qui en est le thresor, & à S. Robert qui en est l'ornement, il leur faisoit addresser par cette pauure malade, quelque inuocation particuliere. Et que ne dit-elle à son Ange gardien, afin qu'il la defendist au destroict si estroict de ce dãgereux passage? Mais quant à l'incomparable Marie, dont elle auoit l'honneur de porter le nom, & la singuliere patronne de cette saincte Congregation, où elle se venoit d'enrooller, las! que ne dit-elle. Elle dit à cette Mere de misericorde, tout ce que luy dicta Theophile, &

tout ce que sa deuotion suggera à sa langue, & à sa pensee. Sa plus frequente aspiration estoit, Viue Iesvs, Viue Marie. S. Ioseph ne fut pas oublié, ny S. Charles, ny S. Louys. S. Augustin non plus, dont elle auoit embrassé la Reigle: saincte Monique mere de ce grand Astre de l'Eglise fut aussi inuoquee. En ces exercices sentant beaucoup diminuer ses forces & sa vie, elle en aduertissoit tout simplement ceux qui auoient le soing de son corps, sans se plaindre beaucoup. Et Theophile voyant esgalement la force de son esprit, comme la foiblesse qui en accabloit le sepulchre, n'vsa point d'autre artifice, pour luy faire entendre qu'il y auoit encores vn Sacremét en l'Eglise destiné pour les extremitez, que l'on appelle derniere Onction. Helas! dit-elle, mon Pere, il est vray, & plorát amerement, Ah! pour-suit-elle, à quoy pensay-ie, pourquoy mes cogitations sont-elles ainsi dissipees pour troubler ma memoire? O Dieu, quel oubly! hé! mon cher Pere, demanda-t'elle à Theophile, n'est-ce pas là vne griefue faute, ie vous supplie de m'en donner l'absolution, & puis de prendre la peine de m'administrer ce medicament de salut. Theophile luy remonstra que le peché estoit en la mauuaise volonté, non pas au defaut de la memoire, & que s'il y auoit de l'offence, elle estoit sienne, de ne l'auoir plustost aduertie, son souuenir n'estát point diuerty par le sentiment de la douleur. On va querir l'huille sacree, & Theophile estant tout reuestu, ayant fait les prieres accoustumees, luy appliqua ce remede salutaire, auec tant de paix, que l'on admira cet interualle de santé, & plus encor son asseurance; car elle considera toutes ces ceremonies d'vne façon fort asseuree, & à la fin des benedictions, elle respondoit auec les autres, Ainsi soit-il. Toute l'assemblee fut rauie de sa constance, & la maison demeura parfumee de ce baume precieux.

Le Soleil ayant parfourny sa carriere, auoit replongé son chariot dans les eaux, pour faire place à la nuict, laquelle reuenant auec son grand manteau parsemé d'estoiles, commença à estendre ses aisles sombres sur la face de la terre : Voyant les flambeaux succeder à sa lumiere, C'est faict de ma vie, dit-elle, mes yeux ne verront plus la splendeur du iour, ce sera icy la derniere de mes nuicts, & la closture de mes ennuys, Helas! mon Pere, dit-elle à Theophile, ce m'est bien du regret de voir que ces tenebres vous retirent de ma presence, car i'eusse estimé ma fin heureuse, si i'eusse peu rédre l'ame entre vos mains, mais les bras de ma chere Mere ne me refuseront pas de recueillir mes derniers souspirs, comme ils ont accueilly les premiers. A quoy Theophile, (aduerty par les

Medecins, qu'elle estoit en termes d'expirer dans peu d'heures, & pressé par sa paternelle charité de voir la saincte issuë de cette pieuse vie,) Pourquoy vous mettez-vous en peine de cela, ô ma chere fille, estimez-vous que la loy de la necessité distingue le iour de la nuict, & que les temps, & les heures soient limitees à ce qui n'est subjet à aucune determinatio ? Nó, non, ie ne vous abandonneray point, que Dieu ne vous prenne à soy, ou ne vous rende à vostre Mere. Aduisons seulement à bien mesnager le temps, & à ne perdre point inutilement vne possession aussi glissante, qu'elle est precieuse: car voicy vn moment d'où depend l'eternité. Lors il commence à luy faire renouueller ses vœux & ses feruerus, à luy faire reïterer ses plus cheres aspirations, afin qu'elle mourust comme vn Phenix dedans ces aromates. Ce qu'elle fit, auec vne obeïssance si souple, vne franchise de cœur si propre, que vous eussiez dict qu'elle n'auoit rien faict iusques alors, & qu'elle r'entroit dedans le raieunissement de l'Aigle. Certes le theatre estoit petit, le temps fort court, le mal pressant, l'empressement extremé, l'orage violent, les douleurs cruelles, & parmy tout cela faire les actes des vertus auec vne profonde paix & tranquillité d'esprit, n'est-ce pas, ou comme les Alcyons rédre son nid asseuré sur l'inconstáce des ondes, ou comme les Dauphins se resiouyr parmy les tempestes?

Et qu'il me soit icy permis de prendre vn peu le large dans vne Digression qui ne sera point inutile, ny comme i'estime hors d'œuure. Ce que ie trouue de singulier & d'admirable en cette fin, c'est cette gráde varieté d'actions

& d'accidens, en si peu d'espace que fournit la iournaliere course du Soleil, mais les graces de Dieu ne sont point attachees aux heures, ny aux lieux, c'est vn fleuue impetueux, dont le desbord resiouyt la Cité de Dieu, & qui fait des merueilles en vn moment: en vn moment le bien-heureux brigant va de la Croix en Paradis, en vn instant S. Paul deuient de loup brebis, sainct Matthieu d'vsurier pauure volontaire, la Magdeleine de pierre d'achoppement pierre d'edification. Car comme Dieu pour rendre sa Iustice redoutable exerce quelquefois des punitiós extraordinaires par des deluges, des engloutissemens, des foudroyemens: aussi pour releuer par dessus les Cieux la magnificence de sa Misericorde, il se plaist à faire des graces si prodigieuses en leur soudaineté, en leur affluence, & en leur inondation, que leur grádeur estouffe les paroles dedans l'estonnement. Et ie vous prie, si ce torrent de bonté se plaist à faire de si vtiles rauages & de si estranges metamorphoses qui changent les pierres en eau, les persecuteurs en Predicateurs, & les extremitez de la coulpe aux extremitez de la grace: s'il applanit si puissamment ce qui est raboteux, & vnit ce qui est inegal; que fera-t'il en des ames qui sont disposees à receuoir l'abondance de ces eaux, & qui ne font aucune opposition à la rapidité de son cours; mais dont les passages des facultez sont ouuerts par la resignation & la condescendance. Que si la forme se prend & s'empreint si tost à la matiere preparee, & l'esprit est infus au corps soudain qu'il est organisé; combien plustost la grace agira-t'elle en vn cœur dont la preparation comme vn filet de fumee aromatique appelle & attire sa lumiere & sa chaleur? Si les pecheurs qui ont en l'ame ce talent de plomb de l'iniquité, ainsi que ce metal, se fondent tout à coup, au feu de l'Amour sacré; que fera vn cœur qui est desia comme vne cire fonduë dedans vne poictrine aymante? Certes comme les Nautonniers dont les nauires chargees de fer se sentent cingler legerement sous vn vent fort debile, deuinent soudain qu'ils sont voisins de quelques rochers d'aymant, dont l'attraction se fait cognoistre insensiblement sensible: ainsi les effects de la grace se font d'autant mieux recognoistre que la nature est foible, & incapable de faire de grandes actions. Car Dieu se plaist d'estaller les traicts de sa puissance sur le theatre de nostre infirmité. C'est ce qui faisoit dire au grand Apostre, qu'il se glorifioit de ses infirmitez, afin que sur leur obscurité la haute couleur de la diuine vertu esclastast dauantage. Les faucós de Noruege sont plus vistes que les autres, parce que les iours estans fort courts en ceste contree, ils sont contraints de fondre promptement sur la proye, de peur d'estre accueillis de la faim auec la nuict. Darie qui sent approcher ses dernieres agonies par des signes infaillibles de mort, redouble le battement de ses deux aisles spirituelles, son entendement & sa volonté, employant celuy-là à protester de croire les veritez de la foy Catholique, & celle-cy à protester la fidelité de son amour enuers son celeste Espoux: & entre ces deux voyes de la foy & de la charité, elle prenoit les aisles argentees de la colombe, symbole de la saincte Esperance & confiance en

Dieu: elle voit bien que la briefueté de ses iours doit incontinent finir; mais Theophile la console sur l'espoir d'vne seconde vie, qui n'aura point de fin, & qui ne sera plus tributaire de ce cruel passage, auquel nous auons esté condamnez par la faute de nos premiers parens: & recognoissant la fermeté de cet esprit capable de viades fortes & solides; Courage, luy disoit-il, ma fille, si c'est auiourd'huy pour vous le iour du Seigneur, & la venuë de l'Espoux, vous voila en l'equipage des vierges sages, la lampe à la main, & l'huille en l'autre, armee de foy, d'esperance, & d'amour. Si vostre vie semble courte, elle est d'autant plus heureuse, qu'elle est entree moins auant dás les miseres qui accompagnét inseparablement vn long cours d'annees; elle est assez longue pour recognoistre les infelicitez de ce mortel seiour, & pour croire les indicibles contentements qui attendét au Ciel ceux qui meurent en la grace. Faictes comme l'archer, qui poincte sa fleche au but auant que la decocher, esleuez vostre esprit au Ciel auant qu'il y aille, & considerez que c'est là où

Dieu essuye les larmes de ses Esleus, où les pleurs & les douleurs n'ont plus d'accez, où sont des plaisirs qui ne peuuent monter en l'apprehension de nostre cœur, ny tomber soubs la declaration de nostre lãgue: Au Ciel, ma fille, au Ciel, mesprisez cette terre de desastre & de mort; A l'eternité, à l'eternité; desdaignez genereusement les instans passagers. Nous n'auons pas icy de demeure arrestee, mais nous l'aurons là haut. La mort est le port de nostre nauigation, le bout de nostre course, le but de nos iours, la porte de cette terre de prode promesse, qui coule le laict & le miel des eternelles benedictions. Ce sejour où nous sommes à present, c'est la prison de nos corps, comme nos corps sont les cachots de nos ames. C'est icy le seruage d'Egypte, où les tenebres nous enuironnent, mais la superieure Hierusalem est libre, sa lampe perpetuelle c'est l'Aigneau, là le iour est continuel, les nuicts en sont bannies, le Soleil d'Orient n'y voit point de couchant. S'il plaist à Dieu de deschirer ce sac qui enueloppe vostre esprit, ô qui pourra raconter l'allegresse qu'il receura, quand orné de la lumiere de la gloire, il verra la splendeur de la face de Dieu. Quel esclaue ne souspire apres sa liberté, quel banny apres le retour de son exil? quelle ioye eust-ce esté à Adam, s'il eust peu r'entrer au Paradis terrestre? & quelle plus grande doit conceuoir vn cœur genereux, qui s'en va en la maison de Dieu dans les paruis de la celeste Hierusalem? Là nous verrós ce que nous aurons creu, nous possederons ce que nous aurons esperé, & aymerons à iamais le Bien-aymé de nos ames. Là libres de tant de peines, ausquelles nous sommes maintenant subjets, soubs la tyrannie du monde, ce Pharao insupportable, & affranchis de ses fers, pires que mille enfers, nous noyerós toutes nos souffrances dans le torrent des voluptez supremes, changeans la conuersation des mortels au commerce des Anges. Que si les terreurs de la mort vous donnent de l'effroy, songez que c'est vn passage que le sens abhorre, mais non pas la raison nette & claire; il la faut prendre comme vne medecine, non pour le goust, mais pour la santé. A l'imitation de nostre Sauueur, qui s'estonna de ce Calice, mais le prit neantmoins amoureusement, par vne forte sousmission de volonté à celle de son Pere. Et cette mort de nostre Maistre a tellement applany le chemin de la terre au Ciel, que maintenant il est tres-facile, il est la Mort de la mort, & la morsure de l'enfer, il luy a osté ses armes, & arraché le venin à l'ancien serpent, si que ce n'est plus qu'vn fantosme pour ceux qui esperent en sa bonté, lesquels prenent des aisles d'Aigle, & volent en luy sans defaillir. Et ie vous prie, qui ne côceura de l'esperance, ayant pour Iuge son Aduocat, & celuy qui pour nous lauer de nos iniquitez, a respandu iusques à la derniere goutte de son sang, mourant auec tant de douleur & d'ignominie? Darie a les yeux collez sur vn Crucifix qu'elle tenoit entre ses bras, escoutoit ces paroles, comme si Dieu mesme les eut proferees à ses aureilles, & comme vne autre Marie au pied de son Sauueur, elle estoit toute transportee en sa cótemplation, son ame commençant à prendre ses coudees plus franches, par le proche destachement de son corps. Reuenuë de cet extase, elle ne douta plus de sa mort, mais comme par vn mouuemét prophetique, elle determina iustement le temps de son passage. Si que comme vn autre Iacob recueillant ses pieds sur sa couche, c'est à dire, ses plus fortes affectiós, autour de son cœur, elle desira que Theophile fist la recommendation de son ame, toute la famille Religieuse, & toute la compagnie estant à genoux : cette action se fit auec vne deuotion extraordinaire, l'orage estoit par tout, le vent des souspirs, & l'eau des pleurs, faisant vn grand contraste: le cœur de Darie parmy tout cela est ferme comme vn rocher: elle respond aux Litanies; elle baise sa Croix, & embrasse de cœur son cher Crucifié. Ainsi soit-il, disoit-elle en soy-mesme, mon Seigneur IESVS, venez, ou bien comandez que i'aille à vous, à trauers les eaux de ces angoisses; tirez-moy, & ie courray en l'odeur de vos parfums. Hé! mon doux Maistre, vous m'estes vn bouquet de myrrhe, vous demeurerez à iamais collé sur les mammelles de mon ame, mon esprit & mon vouloir: rien,

rien ne me separera de vostre charité: vostre dilection plus forte que la mort suruiura mon trespas, son beau feu se nourrira dedás mes cendres. Et puis tournant les yeux d'vn mouuement languide & mourant autour de son lict, elle regardoit son Pere spirituel d'vn costé, sa Mere & corporelle & spirituelle de l'autre; aux pieds vne coróne de Vierges sacrees dediees au seruice de nostre Seigneur; d'autre part les Religieux & autres Ecclesiastiques qui tenoient escorte au grand Theophile, tous regardans en l'agonie de cette malade l'image de leur propre mort. O! qui eust peu voir les Anges & les Saincts assistans inuisiblement à ce passage, l'on eust bien dict comme Iacob, Sont-ce là les armees de Dieu? & de son lict Funeste, N'est-ce pas là la couchette de Salomon enuironnee des plus braues d'Israël, prests à donner la chasse aux puissances tenebreuses de l'enfer? Et addressant sa debile voix à Theophile, Adieu, dit-elle, mon tres-cher Pere, le Dieu du Ciel sera la recompense de tant de peines que vostre charité a prises autour de cette indigne fille; car comme vous n'auez en moy regardé que Dieu, Dieu seul est mon garant, & ma caution trop plus que suffisante. Ie meurs pleine de consolation, puis que c'est entre vos bras paternels que ie dois exhaler mon ame. Hé ie vous supplie de ne m'oublier pas au sainct Autel, comme de ma part, si i'arriue par vos prieres au port de salut, i'auray vn soin côtinuel de prier nostre bon Dieu, qu'il vous assiste puissamment en l'exercice de vostre charge Pastorale: helas! à mains ioinctes ie vous demande pardon des manquemens que i'ay commis soubs voſtre ſage conduitte: vous auez faict voſtre poſſible, pour me faire aduancer en la vertu, mais i'ay mal correſpondu à vos ſainctes remonſtrances, mal que ie ne peux effacer que par le repentir. Puis luy baiſant la main, elle luy demanda ſa derniere benediction, que Theophile luy bailla ſolemnellement, ſi outré de douleur, qu'il en perdoit quaſi, non la grauité ſeulement, mais la contenance. Et pour la conſoler, il luy enſeigna comme ce iour-là outre les indulgences plenieres qui luy eſtoient appliquees par des benedictions emanees de l'authorité du S. Siege, qu'elle portoit sur soy, en vertu de l'habit qu'elle auoit receu, & de la profession qu'elle auoit faicte, elle gaignoit vn plein Iubilé, si qu'elle pourroit, apres son cher enfant, aller dedans le Ciel, comme sortât des sources baptismales. Ce qui la contenta nompareillement. Adonc d'vn visage plus serain, se retournât deuers Sofronie: Helas! luy dit-elle, ma doublement bonne Mere, ne retardez pas par le pardon que ie vous demande en toute humilité l'effect de ces Indulgences fauorables, i'implore vostre maternelle pieté, pour enseuelir dedás l'oubly tant d'ingratitudes, dont i'ay payé vos bien-faicts, tant de desplaisirs que vous ont causé mes imperfections, & mes desobeyssances: vous ne m'auez pas seulement donné l'estre, mais le bien estre, & non contente d'auoir formé mon corps, vous auez tasché, par toute sorte de moyens, d'informer mó ame des qualitez bien-seantes & necessaires à ma naissance & à ma cõdition; prenez pour satisfaction le desplaisir qui me demeure, & le regret que i'emporte de n'auoir si bien prosité soubs vne si bonne maistresse. Vous estes deux fois ma Mere, & de sang, & d'esprit; considerez-moy ie vous en prie, & comme celle que vos cheres mammelles que i'embrasse (elle dit cela s'eslançant, & s'enlassant à son col) ont allaictees, & comme celle qui eut pendu à celles de vostre ame, pour y succer le laict de la deuotion, & de la regularité, si Dieu eust voulu prolonger dauantage le filet de ma vie. Au moins, ie meurs vostre fille, & vostre Religieuse, & en l'vne & en l'autre qualité, ie vous demande double benediction, donnez la moy, ma tres-douce Mere, & puis que mõ ame aille en paix, & que Dieu vous enuoye autant de consolation, que ie vous laisse remplie d'amertume. Que dittes-vous, Sofronie, abbattez, ie vous prie, ce voyle dessus voſtre face, car iamais le pere d'Iphigenie n'en eut tãt de besoin. Rendez-vous icy, ma plume, & que voſtre temerité ne vous porte pas à oſer repreſenter vne choſe qui ne ſe peut exprimer, que par le ſilence. N'eſt-ce pas beaucoup que Sofronie eſcoute ces paroles ſans mourir? voudrions nous par la voix faire sortir son ame? C'est bien assez que Theophile luy face signe de donner la benediction demandee, sans la faire espanouyr en des paroles, qu'elle ne sçauroit proferer sans esuanouyr. Et Darie regardant ses cheres compagnes, d'vn œil à demy plongé dedans la mort; O mes Sœurs, dit-elle, ie recommande mon ame à vos prieres, & ma Mere à vostre secours; si i'eusse dauantage vescu parmy vous, i'eusse appris beaucoup de vertus par vostre exemple, mais puis que Dieu en dispose autrement, sa saincte volonté soit benie à iamais. Mon Pere, dit-elle à Theophile, c'est faict, il ne me reste plus qu'à rendre l'ame, faittes que ie souspire en esperant, & que i'expire en aspirant; & quád i'auray perdu l'vsage du parler, mettez, ie vous supplie, le sainct Nom de IESVS sur mon cœur, & sur mon bras, afin que ie sois vn vaisseau scellé, remply du baume de sa grace : ô que bien-heureux sont ceux qui meurent en Dieu.

Or vous sçaurez que ce corps abattu vomit l'ame quant & le sang, par vne maladie, à ce que l'on dict, assez ordinaire à celles qui accouchent ainsi à contre-temps, & d'vne façon precipitee. Cette perte insensiblement sensible, faisoit, qu'elle se sentoit lentement mourir; tout secours fut inutile, car le mal surmonta les remedes. Rencôtre neátmoins admirable, c'est que Chrysanthe estoit passé de cette vie à vne meilleure, par vne Hemorragie, qui auoit emporté son ame quant & son sang. Ainsi ces deux Amans si vnis en leur vie allerent à la tombe par vn mesme genre de mort; semblables à ces pommes iumelles de telle sympathie que la

meurtrisseure de l'vne passe
soudain à l'autre. Qui a iamais veu vne belle rose ayant
perdu l'humeur de la rosee
qui la maintenoit en sa fraischeur par les rayons ardans
du Soleil tomber sur le soir
fueille à fueille, & ne laisser
que le regret d'vne beauté legerement passee; il a veu Darie deschoir létement de tant
de graces dont la nature l'auoit embellie, & se rendre en
fin aux portes du trespas.
Tout d'vn coup se tournant
vers Theophile, Mon Pere
(dist-elle d'vne voix qui sentoit tout à faict le tombeau)
il m'est venu en l'esprit vn

desir, qui est coloré en apparence de quelque pieté, mais ie crains qu'il y aye, ou de la vanité, ou de l'amour propre. Ie pensois où l'on mettroit mon miserable corps, quand mon ame en seroit separee, & comme ie me voy Religieuse, ie consideroîs s'il se pourroit faire que ie fusse enterree en ce sainct habit, & si ie pourrois auoir quelque place en la caue destinee pour les Sœurs. O Dieu, quelle presomption, pour vne si indigne creature: mais, mó Pere, vostre charité, & celle de ma bóne Mere, ne pourroit-elle point permettre que ie fusse au moins en quelque petit recoing de l'Eglise, afin que cet object de mes os cóuiast la Cógregation à auoir quelque souuenir de ma pauure ame. Theophile tout à faict attendry, l'asseura que ce desir n'auoit aucune presomption, mais estoit tres-iuste, autrement ce seroit reuoquer en doute la validité de sa profession. Toutes les Dames d'vne commune voix luy promirent de la mettre, non seulement dedans leur Eglise, mais dedans leur Chœur, & de garder cherement sa memoire dedás leur cœur: Sofronie ne respond que des yeux, qui versent vne mer de larmes. Que me faut-il plus, sinon mourir, dict cette ame resoluë, puis que ie suis au comble de mes vœux, qu'attends ie dauátage, puis qu'vn tombeau si desirable m'est preparé? Mon Pere, dit-elle à Theophile, ie croy que mon ame attend à partir par obeyssance, commandez, & elle s'en ira. Ie vous supplie de la recommander à nostre Seigneur. A peine auoit-il commencé la recommendation de l'ame, voyant son agonie voisine, & proferé les premieres paroles du Formulaire, qui semblent inuiter l'esprit à se remettre entre les mains de Dieu, qu'elle commença à tourner à la mort: il interrompt sa priere pour luy suggerer quelques aspirations, entr'autres celle-cy frequente au B. François Xauier, l'Apostre des Indes, & le second œil de la Compagnie de Iesvs: O Iesvs le Dieu de mon cœur! elle la dict en palpitant, & encores cette autre: O Iesvs, soyez moy Iesvs. & cette-cy, O Marie, soyez-moy Mere. Qu'enfin, ne pouuant plus pousser de voix, elle dict tout bas ce mot, que Theophile graue par tout, Vive Iesvs,

& à la seconde fois, Vive Iesvs, cette derniere syllabe ne fut proferee que par vn souspir, qui trancha comme vn rasoir le fil de cette belle vie. Allez, ame bien heureuse, & que ce Iesvs viue à iamais en vous, & vous eternellement en luy. En ce mesme temps Theophile luy met vn doigt sur l'vn des yeux, & de l'autre part du lict (constance qui braue la mort, & tous les exemples de l'antiquité) Sofronie estend son bras, pour fermer l'autre œil de sa fille. Et ce fut icy où cette voix, que la douleur auoit tenuë si long temps prisonniere,

niere, esclatta par la mesme douleur en ces mots: Va, ma fille, va dans le sein de Dieu, ie t'arrache volontiers du mien, pour te remettre entre les bras de nostre commun Espoux ; tu as maintenant cette meilleure part qui ne te sera point ostee. Ie ne veux point, en regrettant ma perte, enuier ton bon-heur, ie t'ay veu viure si sagement, & mourir si sainctement, que sans offencer la pieté, ie ne peux raisonnablement douter de ta beatitude: qu'eusse-ie peu te souhaitter apres vn long & penible cours d'années qu'vne semblable fin. O
T

Seigneur, vous estes le Pere & le Maistre de la Mere & des enfans, taillez, coupez, tranchez, mortifiez, viuifiez, tuez, trauaillez, rien ne me pourra iamais empescher de crier au plus fort de mes afflictions, VIVE IESVS, VIVE IESVS. Cependant à ce mot saisie de tristesse, & accablée d'ennuy, elle tombe pasmee : l'on eut tant de peine à la faire reuenir, que l'on fut en creance qu'elle alloit tenir compagnie à sa fille; desolation vniuerselle. Tandis que les pleurs, les cris, les allarmes sont en ce debile troupeau, qui craint de perdre sa Mere, ie m'arreste à considerer la mourante Darie entre ces bras paternels & maternels, comme vn Moyse qui expire au baiser du Seigneur sur la croupe de Nebo, ou bien lors que son frere Aaron, & le vaillant Hur luy soustenoient les bras durant le combat d'Israël & d'Amalech. Il me semble que ie la voy comme Iacob entre Rebecca & Ioseph, conuiant l'eternel Esau à misericorde, ou comme Esther appaisant le courroux de l'immortel Assuere appuyee sur ses deux Dames. Il me souuient du deuot Alipius expirant entre

S. Augustin & saincte Monique. Cette vertueuse creature ne vid en tout le cours de son aage que dixsept Soleils, & quelques Lunes. Heureuse en sa fin anticipee, & en ses iours si tost accomplis: la vie ne se mesure pas à l'aulne, où elle finit, elle est toute entiere, c'est vne folie de luy vouloir donner quelque terme naturel: l'incertitude rend la mort aussi voisine des ieunes que des vieux: la plus longue vie n'est pas la meilleure, mais la meilleure est tousiours assez longue. La bague de la gloire ne se donne pas à ceux qui font ou les plus loingtaines, ou les plus soudaines courses, mais à ceux qui font les plus iustes. La parabole Euangelique du denier iournalier, tesmoigne assez que le grand Pere de famille nous reçoit à mercy à toutes les heures du iour, & à tous les iours de nostre aage. Il y a des enfans de cent ans qui sont reiettez, il y a des ieunesses innocentes & vertueuses, qui deuancent de bien loing en perfection des testes chenuës: Dieu accomplit sa loüange, aussi bien par la bouche des enfans, que par celle des vieillards: les ieunes & les vierges, les grands &

les petits, dit le Psalmiste, loüent le Nom du Seigneur. Souuent Dieu enleue ceux qu'il choisit, & qu'il cherit en vn aage fort tédre, de peur que la malice ne peruertisse leur entendement. Le grand œuure de la vie, c'est de bien mourir, aucuns l'operét lentement, d'autres legerement, selon que le vent de la grace est frais, ou foible. Abacuc, & Elie furent promptemét enleuez, les Anges passent l'esclair en vistesse, il ne leur faut qu'vn instant pour bondir de la terre au Ciel. Lucifer fut creé, & creé parfaict en vn instant; aussi fut Adam: &

Salomon deuint orné d'vne sagesse infuse en vne nuict. Souuent Dieu faict accomplir vn long cours par vne briefue consommation. Sa grace est comme la lumiere qui esclaire aussi-tost qu'elle paroist. Israël en trois iours se vit deliuré de la seruitude d'Egypte. Le premier mobile qui entraine tous les Cieux à son mouuement iournalier, va d'vne vistesse incroyable, & qui est incomprehensible à l'esprit humain: la grace passe tout cela en legereté. Que l'on ne s'estonne donc pas si vn mesme iour a veu nostre Darie & veufue, &

Mere, & Nouice, & Professe, & atteignant puissamment la fin d'vne vie parfaitte: car Dieu qui l'auoit suauement disposee à cela, a faict paroistre en elle en ce peu d'espace, les thresors de sa science, de sa sagesse, & de sa bonté. Les excellents ouuriers se monstrent autant, & plus accomplis aux petits ouurages qu'aux grands, tesmoing celuy qui tailla l'agathe de Pyrrhus, la nef de Mirmeides, qui assortie de tout son equippage, se mettoit à l'abry soubs l'aisle d'vn mousceron; & la noix qui resserroit l'Iliade. Dieu n'est point subjet au temps pour faire ce qui luy plaist: & ce que l'histoire de la creation du monde nous raconte des six iours, ce n'est que pour s'accommoder à nostre portee, car les plus doctes Interpretes le raportent à six instans, ou plustost à vn seul momét, selon ce mot du Psalmiste: Il dict, & tout fut faict, il commanda, & tout fut creé, c'est à dire, sortit des cachots de l'inexistence dans l'estenduë de l'estre.

La nuict estoit au milieu de son cours, lors que la fille estant passee, & la Mere reuenuë, Theophile se retira après auoir temperé les plus aigres poinctes que la douleur auoit enfoncees dans le cœur de Sofronie, car de les arracher si tost, il estoit impossible: ce grand courage, comme vn pau s'affermissoit par les secousses de l'aduersité, & s'endurcissoit comme vne enclume plus elle enduroit. Elle couloit bien des larmes de ses yeux, mais ces vapeurs n'offusquoient pas pourtát le soleil de sa raison, sa douleur cóme son amour estoit extreme, & l'effect aussi sensible que la cause estoit regrettable. Car certes, elle perdoit en sa fille vne perle de vertu: elle plore, comme Iob ploroit ses enfans morts precipitemment, mais auec vne mesme patience: elle plore comme Iacob sur la robbe sanglante de son Ioseph. Certes, quand le Soleil paroist soudain apres la pluye, c'est vn signe euident qu'il pleuura derechef, & bien tost: à peine les larmes de la mort de son gendre sont-elles seichees, qu'il en faut r'ouurir la veine pour celle de son petit fils, & pour closture de toutes ces tristesses les renouueller sur le corps de sa fille. Helas! disoit le bon homme Iacob,

T vj

n'estoit-ce pas assez de la perte de mon Ioseph, sans arracher encores mon cher Benjamin d'entre mes bras? Cependant ie ne peux assez admirer cette Constance: car elle se contente de donner ses yeux à la descharge de son cœur, sans liurer la guerre à ses cheueux, sans conjurer contre son estomach, sans appeller les Cieux & les Astres cruels & sanguinaires. La presence de Theophile la tient en respect, & ses remonstrances luy donnent tant de force, qu'elle baisa sa fille morte, embrassa son corps, l'arrosa de ses larmes, & elle mesme aydee de ses filles l'habilla en Religieuse pour estre enterree de cette façon, Theophile s'en va prendre son repos auec sa troupe autant brisee d'esprit que de corps. Les Religieuses veillent la morte l'vne apres l'autre, & emmeinent Sofronie à sa chambre, où les espines de ses ennuis ne luy permirent pas de trouuer le repos. Mais comme au fort de l'orage les vœux de ceux qui en sont battus sont plus ardents, aussi au fort de ses desplaisirs, ses prieres estoient plus feruentes. Le Soleil ramenant le iour chassa bien tost les ombres de la nuict, & la Renommee qui passe les vents en legereté seme soudain le bruit de cette mort par toute la ville & dans le voisinage. Chacun accourt à l'Eglise, où l'on vit Darie dedans le chœur des Moniales vestuë en Religieuse couchee dedans la biere. La mort ennemie iuree de la beauté ramassa ce peu de sang qui restoit dedans le corps de cette defuncte pour le mettre en sa face, dont les traicts rians formoient l'image d'vn doux sommeil. Elle estoit toute environnee de fleurs, & ces fleurs furét arrosees de beaucoup de pleurs. Son seruice fut honorable & celebre. Theophile y officia solemnellement. Cette saincte ceremonie consola les viuans, & les prieres soulagerent, & la morte, & ceux qui restoiét en vie. La terre receut dedás son vaste sein le tribut de ce corps, hoste d'vne si belle ame, en attendant le iour de son heureuse resurrection: les pleurs seruirent d'eau beniste à cette tumbe, les souspirs de zephirs, & la memoire tousiours viuante de ses vertus luy sert d'vn Epitaphe, qui passera en duree la dureté du marbre. Sofronie chante tous les iours dedans ce Cœur Religieux, ayant ces os sous ses pieds, & cette ombre deuant sa face iusques à ce que vienne son changement, & le destachement de son corps & de son ame : elle attend son depart, auec vne paisible inquietude, & vne patiente impatience, resoluë de viure pour le seruice de Dieu, de mourir pour sa gloire, & de n'auoir autre but en la vie & en la mort, que de faire les ordonnances de la diuine Volonté.

Iusques icy m'a conduit le succez de Chrysanthe & de Darie. Ces belles plantes po-

sees sur le courant des eaux
de la grace, ont rendu beaucoup de fruict en leur saison.
I'ay pris la liberté de descrire
le courant des iours de ces
vertueuses creatures soubs les
noms de Chrysanthe & de
Darie. Et parce qu'il m'a semblé que ce desguisemét estoit
vn esguisement d'esprit, &
que cela auoit plus de gentillesse, ioinct que si cet escrit,
ou quelque copie tomboit
entre les mains de ceux de
mes amys qui ont cognu ces
deuotieuses personnes, le tissu de l'histoire, & le renuer-
sement des mots leur fera assez recognoistre qui sont

ceux dont il y est parlé, bien que ne l'ayant tracé que pour ma satisfaction particuliere, il me suffise assez de m'entédre moy-mesme, m'estant en cecy à moy seul vn theatre assez grand: que si par hazard il venoit sous la veuë de quelques autres, qui n'eussent pas cette particuliere cognoissance, les circonstances feront assez clairement descouurir les lieux à qui ne sera point du tout estranger en la France & en la Sebusie; & la narration tres-veritable, qui n'est que le simple recit, & le naïf rapport d'vne bouche, qui aymeroit mieux mourir que mentir, fera voir à l'œil combien il importe de bien viure pour arriuer à vne bonne fin. I'ay aussi remarqué quelque conuenance entre ces deux Saincts Espoux & Martyrs, Chrysanthe & Darie, qui endurerent à Rome il y a bien quatorze cens ans, soubs l'Empereur Numerian, selon tous les Martyrologes, & nos deux mariez: c'est ce qui m'a faict oser leur donner les mesmes noms, n'alterant celuy de l'Espouse que d'vne lettre, & marquát celuy de l'Espoux en quelque lieu de ce narré. Le martyr Chrysanthe eschappa miraculeusement plusieurs perils par la Prouidence diuine, & cette mesme Prouidence a retiré le nostre de mille hazards. Iamais l'horreur de la mort n'estóna la constance de celuy-là, ny n'esbranfla le courage de cettuy-cy : celuy-là est mort pour sa Religion, cettuy-cy pour son pays; celuy-là est mort pour l'amour de Dieu, cettuy-cy en l'amour de Dieu; celuy-là fut appellé Chrysanthe, qui signifie fleur dorée pour sa bóne grace, cettuy-cy porta vn nom, qui veut dire fils d'vne fleur odoráte que l'on appelle Nard. Quát à la mar-

tyre Darie, outre les beautez
& les vertus qu'elle auoit
communes auec la nostre, elle vescut long temps auec
plusieurs filles & femmes deuotes, en vne grande pureté
de vie; & celle-cy estant mariee a coulé plus de iours dedans le Cloistre, que dedans
son mesnage. Que si celle-là
est morte de la mesme mort
de son espoux (car estans enterrez tous vifs, ils furent accablez de pierres) la nostre
comme le sien est passee de la
vie à la mort par vne Hemorragie. Face le Ciel que les nostres, comme imitateurs de la
vie & des perfectiós des pre-

miers, soient maintenant en leur compagnie, voyans vne mesme face, puis qu'ils ont esté croyans vne mesme foy. C'est ce que nous estimons de ceux-cy auec autát de pieté, que nous le croyons de ceux-là auec certitude.

Cependant si nous voulons auec attention serieusement considerer le courant de ceste Histoire, nous en pourrons tirer de beaux enseignemens pour bien viure & bien mourir. Car comme l'exemple a vne grande force pour persuader, il a ce me semble d'autant plus d'energie qu'il nous est plus voisin: car quád nous voyons le recit des choses que nous auons veuës, & desquelles nous sommes tesmoins oculaires, cela frappe tellement nostre raison par nos sens, qu'il faut estre insensible & brutal pour ne rendre les armes, & ne se recognoistre autant vaincu en la volóté que conuaincu en l'entédement. La veuë de tant de personnes deuotes & continentes fut ce qui donna le plus fort bransle & le plus puissant coup à la conuersion de cette grande lumiere de l'Eglise S. Augustin. Achante en ce discours me remet deuant les yeux l'image d'vn gentil homme accomply. Sofronie l'idee d'vne veufue, d'vne Mere, d'vne Religieuse, si parfaicte, si constante, si genereuse, qu'vn siecle en produit peu de semblables. Chrysanthe, le portraict d'vn bon mary, mais plus heureux qu'attaché à son mesnage, vertueux au reste & deuot, & qui faict voir que la deuotion est cópatible auec la guerre, bien que Mars & Vesta semblent auoir iuré vn diuorce irrecóciliable. Qui ne voit en Leon le crayon d'vn seruiteur tres-fidele: en Theophile le tableau d'vn Prelat vrayement Apostolique,

Apostolique, des rares qualitez duquel tout ce qui se peut auancer est au dessous de ses merites & de sa gloire. Et quant à Darie, principal sujet de ceste Histoire, & dont la mort singuliere nous auoit mis la plume en la main, qui ne voit en vn aage fort brief vne longue enfileure de qualitez fort recommandables? Les filles y pourroient trouuer vn miroir d'obeyssance: les femmes mariees y pourroient apprédre que l'amour de Dieu & celuy de leurs maris ne sont pas des benefices incompatibles; que l'on peut viure munde dedans le monde, & passer dans l'amertume de ses eaux sans la cótracter, comme ce fleuue de Sicile. Que les retraittes spirituelles dedans les lieux de pieté sont vtiles aux Dames seculieres en l'absence de leurs maris, ou aux iours plus signalez de deuotion & de Penitence, pourueu que ce soit sans le dommage de la famille. Les ieune veufues y verront que le veufuage & la ieunesse ne sont pas inaccostables, quád le cœur est tellement possedé de son premier obiect, qu'il n'est plus susceptible d'aucune autre forme, & que elles ne peuuent iamais acquerir tant de gloire dedans le monde, qu'elles en peuuent emporter en le quittāt, pour se ietter dans la vie Religieuse entre les bras de l'aymable Crucifié. Les malades y pourront moissonner de la constance en leurs douleurs, en considerant celle dont elle a supporté les siennes en vn corps si delicat & en vn aage si tendre. En somme de sa belle fin tous peuuent apprendre à bien mourir. Mais quoy, il semble que ie parle icy à quelqu'autre qu'à moy, & que ces traces de ma plume ayent à paroistre soubs d'autres yeux que les miens:

Si est-ce que cela est autant esloigné de ma pensee & de mon dessein, que du merite de cet escrit. Si quelque amy le voit, que ce soit tout: le Sage, dit l'honneur des Stoïques, est vn theatre à soy mesme, aussi grand que tout le monde: il veut peu de spectateurs, vn c'est assez, nul luy suffit: i'en suis logé là: Au plus, que ce Narré demeure dans mes papiers, comme l'idee d'vne Deuotieuse vie & d'vne Religieuse mort, consacree à la MEMOIRE DE DARIE.

Fin du second Liure.

461

AV
PATRIARCHE
ARCHANDRE.

ONSEIGNEVR,

L'Autheur de cette Histoire, que ie vous enuoye escrite à la main, a desiré qu'elle tombast soubs vostre veuë par mon entremise. Ie n'ay peu refuser ce deuoir à son amitié, car il est de vos plus asseurez ser-

V iij

niteurs, & mon intime. Son discours a assez de polisseure, & de garbe pour se faire place dans vostre bien-vueillance, mais le sujet dont il traicte rauira tout à faict vos bonnes graces, quand vous vous y verrez au rang de vos merites, & y trouuerez les merites de ceux qui touchent de si prés vostre sang. S'il vous plaist de desrober quelques momens à vos occupations plus serieuses, pour courir ces pages, elles vous toucheront le cœur par les yeux, car elles donnent aux lieux de vos affections plus tendres. Vous en iugerez, Monseigneur, & puis s'il plaist ainsi à vostre courtoisie, vous me ferez part de vos pensees que l'Autheur attend comme les arrests, ou plustost comme les oracles de l'absolution de sa temerité, ou de la condamnation de ses fautes. Il est caché cõme ce peintre ancien derriere son tableau, le pinceau d'vne main, prest à le corriger sous vostre censure, l'esponge de l'autre preparé à effacer son offence si le tout est mal façonné. C'est ce qu'il demande de vous par moy auec impatiẽce, par moy se donnãt à vous auec humilité. Il est content d'enseuelir son nom dãs l'oubly, pourueu qu'il en retire celuy de Darie, qui vous fut si chere, non tant pour estre vostre niepce, que pour estre vertueuse. Quant à moy, i'ay estimé cette commission fauorable, puis qu'elle

me preste l'occasion de vous rafrai-
chir la memoire de mon ancienne
seruitude, & de ma deuotieuse fidelité.

A SOFRONIE

ADAME,

MIe sçay bien que c'est rapporter à Liuia la chemise sanglante de son Cesar, à Dauid la deffaitte d'Absalon, & la perte de Ionathas, & remettre deuant les yeux de Iacob la robbe de son fils Ioseph, que de mettre entre vos mains cette Histoire de Darie. Mais ie n'ay pas si peu de cognoissance de la grandeur de vostre in-

V v

uincible courage, que ie ne sçache qu'il est capable de voir reuiure en ces lignes celle qu'il a peu voir mourir. Vous ouurirez les yeux sur le recit du trespas de celle à qui vous auez eu la constance de les clorre. C'est à faire aux minces esprits à tressaillir d'vne saignee. Si vous auez si genereusement pardonné à celuy qui donna la mort, (helas! par quel malheureux accident, & auec combien de regret & d'innocence) à vostre Espoux, ne regardez pas d'vn mauuais œil celuy qui vous represente le tableau d'vne saincte mort en celle de vostre fille. Souuenez-vous de saincte Felicité, & de la Mere des Machabees, qui eurent bien le cœur de

voir mourir chacune sept enfans
deuant leurs yeux à paupieres, sinon seiches, au moins resolües. Souuenez-vous de Respha, qui chas-
soit les oyseaux d'autour des siens,
qu'elle voyoit en croix, de la Mere de sainct Symphorian, & de
celle de Meliton, qui les encoura-
geoient à mourir, & sur tout de
cette courageuse Simphorose, dont
vostre nom approche, qui exhor-
toit les siens au martyre. Ie vous
tiens aussi genereuse, & vous
auez bien monstré que vostre cœur
n'est pas si abattu que celuy d'A-
gar, qui dans le desert ne pouuoit
voir mourir son enfant. Ie dis cecy
pour vous animer à la lecture de
cet ouurage, qu'vn de mes amys a

V vj

tracé, où vous trouuerez de l'eau douce dans la mer amere, c'est à dire, des cõsolations dans vos propres desolations. Pour moy, i'ay esté esmeu par le discours de cette Histoire à la pitié, voyant mourir à dix-sept ans vne ieune Dame, qui promettoit de rendre soubs vostre religieuse conduitte de grands seruices à nostre Seigneur, & ensemble à la pieté, voyant de si rares exemples de vertus aux personnes qui sont representees en ce theatre. Tous y peuuent prendre, & comme d'vn riche parterre en tirer diuerses fleurs pour faire du miel ou des couronnes. Les Mariez, les Religieux, les Soldats, les Filles, les Gensils-hommes, les seruiteurs, les Maistres, les personnes veufues, les Prelats mesmes & les Pasteurs y peuuent apprendre à bien mourir, & à bien viure. Si i'ay participé au regret public de la mort de Darie, Madame, ie ne suis pas à m'en condouloir auec vous; il y a long temps que mon ressentiment a tiré ce deuoir de ma plume: & vous le pouuez iuger par la reuerence que ie porte à vos insignes vertus, & par le religieux respect que ie portois aux siennes. Ie sçay bien, Madame, qu'vne iuste curiosité vous fera desirer de sçauoir qui est celuy qui a pris cette peine, pour honorer la memoire de vostre sang: Mais contentez-vous de gouster les fruicts sans cognoistre l'arbre, c'est vn personnage qui a voulu se diuertir, pour conuertir vostre tristesse en contentement, voyant reuiure en terre par sa plume, ce qui a rendu le tribut à la mort. Celuy sera trop de bien, si vous daignez estendre vos pensees, toutes fichees dans le Ciel par la Contemplation, sur ces pages, autant indignes de vous que dignes de son Zele. Comme il ne pretend aucune gloire de ce trauail, aussi desire-t'il euiter le blasme des defauts que la precipitation & l'inaduertance y ont faict naistre: entre lesquels celuy-cy est perpetuel, d'auoir fort mal soustenu par la bassesse de son stil, la dignité de tant de vertus, qui rendent cette Deuotieuse vie, & cette Religieuse mort, recommendables. Si ce discours tel qu'il est vous agrée, il permet (pour cacher le bras qui iette la pierre) que vous m'en ayez toute l'obligation: ainsi cette abeille n'aura pas faict son miel pour soy, mais pour vous, & pour moy : attendant la recompense au Ciel de la consolation qu'il nous procure en la terre; Dieu le fauorise, & vous aussi, Madame, de ses plus douces benedictions.

A THEOPHILE.

MON cher Theophile, c'est à vous, qui cognoissez tous les replis de mon cœur, & qui possedez tous les ressorts de mon ame, que ie parle à descouuert. La deuote Sofronie ne manquera pas de vous faire participant d'vne Histoire, que ie luy ay enuoyee, qui est celle de la vie & de la mort de Darie, dont i'ay appris toutes les particularitez de vostre bouche en cette derniere visite, dont il vous a pleu m'honorer.

Durant ces iours caniculaires, ie prenois vn peu d'air en cette belle maison de ....: & ie trompay les chaleurs des apresdisnees à la tracer par forme de diuertissement, sans autre desseing que de tuer l'importunité de ces ardeurs inimoderees, qui suspendent les occupations plus importantes. Tant de cahiers se sont insensiblement ammoncelez, que l'on en feroit vn iuste liure : ie charmois ainsi mon loisir, amusé de la douceur de ce genre d'escrire, que certes ie trouue friand, pour vous dire tout simplement ce qui m'en semble, & qui m'a laissé dans le cœur l'esguillon du desir de m'y remettre, sur quelque autre histoire ancienne. A vray dire, c'est dommage que tant d'esprits de Sejour, qui d'ailleurs sont si beaux & si fertiles en langage, n'employent leur temps à faire des narrations vertueuses, sans emplir le monde de tant de fatras, qui sont les entretiens des Cours, & le venim des cœurs: il seroit aysé par ce moyen attrayant d'inspirer de sainctes affections dans les courages, au lieu des mauuaises infectiõs qu'y engendrent ces liurets, & des deshonnestes impressions qu'y grauent ces impressions improuuees, ou plustost reprouuees. La pieté n'aura-t'elle iamais ses allumettes, puis que l'impieté a tãt d'amorces? D'autres voyent, mais ie desirerois que nostre Seigneur suggerast cette pensee à quelqu'autre qui eust plus de capacité, & moins d'occupation. Ie croy que ce dessein reüssiroit à sa gloire, & au salut de plusieurs. Or mon Theophile, quand vous aurez veu cét opuscule de la vie & de la mort de celle qui fut la fille de vostre cœur, faicte cette grace au fils u vostre ame de luy en dire ce qu'il vous en semble, & à vostre mode, c'est à dire, ingenuëment, & rondement: car vous sçauez que mon humeur est de preferer les soufflets de l'amy aux baisers du caiolleur. Ie n'engraisse point mon chef de l'huille de celuy cy, mais ie fuy grandement mes besoignes des corrections de celuy-là; tel que vous m'estes, mon Theophile, qui ne me celez mes veritez, que quand vous ne les sçauez pas. Car c'est à vous, apres Dieu à qui ie reuele ma cause au tribunal où l'accusation excuse, & où le mensonge est vn sacrilege digne du supplice de Saphira. Mais encores estimeriez-vous bien que cette sorte d'escrits ne fust pas receuable ou digne d'employ, puisque nous voyons ces grands cerueaux de l'antiquité s'y estre si soigneusement exercez. Que nous disent les Confessions de cette grande lumiere de l'Eglise sainct Augustin, sinon ses biens & ses maux, & ceux de son cher

Alipius, & les merueilles de son Dieu-donné? Sainct Hierosme semble n'exceller qu'en ces sujets, & ne desploye en aucunes occasions si fort les voyles de son admirable eloquence, qu'à releuer les gestes d'vne Paula, d'vne Eustochium, d'vne Fuluia, d'vne Melania, & de tant d'autres vertueuses Dames dont il descrit les vertus: car quant à la vie des Peres du desert, qu'on luy attribuë, c'est vn theatre de religieuses actions. L'histoire de Balaam & de Iosaphat de S. Iean Damascene, celle que sainct Ambroise faict bien au long de son frere Satyre, & de saincte Agnes; celle de sa sœur Gorgonie que descrit sainct

Gregoire appellé le Theologien; celle de Gerard que sainct Bernard escrit auec ses larmes: & quoy, mille autres semblables pieces font bien recognoistre l'vtilité que ces grands personnages rencontroient en cet employ. Car pour exprimer mon sentiment auec Seneque, il m'est aduis que la route des preceptes enseigne par des voyes entortillees & biaisees qui ne battent au but que par mille destours: mais que celle des exemples est courte & efficace, & sans tant d'embarrassement propose les vertus toutes nües pour les admirer: & quand il les faut imiter, vous diriez que ces actions nous crient tout haut, C'est ainsi qu'il faut faire. O Dieu, Theophile, que de vertus demandent partage en la vie & en la mort de Darie, ma chere sœur, que Dieu ait en sa gloire. I'apprehende vne chose, c'est que voyant les vostres en exercice en ce narré, vous ne ridiez le front & ne retiriez le sourcil: car ie sçay que vous aimez par tout la Verité, excepté quand elle descouure vostre merite: Car lors vous l'appellez trompeuse, & si vostre humilité osoit elle s'inscriroit en faux pour l'accuser de mensonge. Qu'y ferois-ie? l'Histoire, fille de la Verité, dit les choses comme elle les trouue. Ne faites pas tant d'actions loüables, si vous ne voulez pas qu'on les recite.

Le ieune

Le ieune Pline estimoit plus heureux ceux qui faisoient des choses dignes d'estre escrittes, que ceux qui en escriuoient de dignes d'estre leuës: mais tres-heureux ceux qui auoient l'vn & l'autre auantage: & n'en desplaise à vostre modestie, Theophile, vous l'auez. L'Euangile promet de faire reluire comme des estoilles dans les perpetuelles eternitez ceux qui disent le bien, & qui le monstrent aux autres, leur enseignant la bõne voye; mais ceux qui disent & qui font reluiront cõme des Soleils. Theophile, vous voila encores. Ainsi puissiez-vous tousiours estre & Sel & Soleil, puisque vous estes en ce degré Apostolique, qui oblige ceux qui y sont esleuez à estre & Lumiere en doctrine, & Sel en pieté. Ainsi puissiez-vous comme vn sel corriger les pecheurs, & leur donner vn sainct appetit de la Vertu qui les retire de la corruption du vice. Ainsi puissiez-vous comme vn bel astre esclairer dans la nuict du siecle, & comme vne claire lampe dans le sejour tenebreux de ce monde addresser les pas de ceux qui cheminent dans l'ombre de l'erreur, & de la mort, au chemin de la paix, leur faisant filer vne vie aussi deuotieuse, & clorre leur pelerinage par vne fin aussi heureuse que celle de Darie, dont vous verrez la Memoire, qui vous obligera d'auoir memoire de voſtre fils en vos ſainɛts Sacrifices, & de l'aymer touſiours auſsi tendrement, que religieuſement il vous honore.

X ij

TIRE' D'VNE Lettre de l'Autheur à M. de la Chappelle son frere.

MAIS vous m'apprenez bien vne autre nouuelle. Certes cette MEMOIRE, que vostre memoire remet en ma memoire, estoit effacee de ma souuenance, si vostre ressouuenir ne l'eut retiree de mon oubly. Quoy? cet escrit est il encor en estre? certes ie l'estimois entre ces choses, que les Iurisconsultes appellent delaissees: aussi le mesme sort luy est-il arriué, puis que le premier Libraire qui s'en est saisi, s'en est rendu le maistre. Vous sçaueZ combien de temps il y a que vous aueZ veu cette Memoire de Darie parmy mes papiers, & quand, & comment, & pourquoy, & à quel dessein elle fut escrite. Sur vostre aduertissement, i'ay esté rechercher parmy mes memoires, si i'en rencontrerois encores l'original, puis que cette copie que vous aueZ veuë par delà, vous semble pleine de tãt de fautes, (faueurs ordinaires de l'ignorance des copistes) afin de les corriger sur ce premier patron. Mais cōme ie cherchois ce que ie n'ay pas trouué, i'ay trouué ce que ie ne cherchois pas, qui est la Conuersion d'Aglaë, piece, si i'ay quelque souuenir, de mesme estoffe que la precedente. Ie l'ay releuë, & elle ne m'a point semblé autremēt desagreable (sinon que les Peres se flattent tousiours sur les imperfections de leurs enfans) ny mesme tant inutile. Encores si la Memoire de Darie va de cet air, ie ne me mettray pas beaucoup en peine de sa publication. I'ay faict enqueste, que seroit deuenu cet original, & il s'est trouué qu'vn Gentil-homme de mes

Pagination incorrecte — date incorrecte

NF Z 43-120-12

voisins ayant desiré de le voir, en a esgaré quelques cahiers, qui rendét les autres inutiles. Quát à cette grãde Dame à qui ie l'envoyay pour sa consolation, elle en a esté plus curieuse, voire plus liberale; car non cõtente d'en auoir vne copie, elle a si bien permis de la copier, que de là comme d'vne corne d'abondance en sont sorties plusieurs transcriptions, & quelques-vnes si deprauees, que ie m'y recognoistrois, comme Deiphobus en Euphorbe. Ainsi l'vn & l'autre ont diuersement mal gardé ce depost contre mon intention, celuy-là perdant l'original que ie desirois qu'il conseruast, celle-cy communiquant ca que l'auois suppliée de reseruer pour son edification particuliere. Ainsi le monde est party, ainsi est-il pestry. I'apprends aussi que les Imprimeurs de ces quartiers de deçà, saisis d'vne de ces copies, si copieuses en termes extrauagans & incognus, tirez du cru des Secretaires, la vouloient auec empressement ietter soubs leur presse; mais que ceux d'où vous estes plus voisins du lieu des permissions, auoient gaigné le deuant: voila vne piece de gibier bien venee, ie ne sçay si elle sera aussi-bien venuë. I'admire l'ardeur de ces gës pour vne chose, s'il m'en souuient, qui n'est pas de si haut relief, pour en faire le cas qu'ils en font, & que vous-mesmes en faictes par vostre lettre. Vous me voulez tãt de bien, que vous ne pouuez trouuer rien de mal, qui parte de moy : mais souuenez-vous que l'Amour est aueugle, & que le iugement luy seroit vne imperfection. C'est pourquoy ie recuse l'estime que vous en faictes, ie ne veux estre approuué, que par ceux qui me peuuent improuuer & corriger. La reprehension m'est vne misericorde, l'applaudissement suspect. Quant aux Libraires, le desir de gaigner ioint à leur ordinaire suffisance, les rend iuges fort capables: Ils ressemblẽt aux sages femmes, qui aydent aux autres à accoucher, la nature les ayant renduës brehaignes: ils iugent des liures, ou par la relieure, ou par le nom de l'Autheur, ou par l'opinion du peuple; toutes reigles excellentes. Mais, ie vous prie, comme est il possible que cette copie escrite à la main, que i'auois enuoyee à Monseigneur de B. pour sa consolation, puisse estre tombee entre les mains de ces bōnes gens? c'est, dittes-vous, par quelqu'vn des siens, qui sur l'estime qu'il en faisoit, en ayant tiré vn exemplaire, & l'ayant faict voir en vostre grande ville, leur en a allumé le desir. I'estime ce grand personnage trop iudicieux, pour auoir peu contribuer de la loüange à ce simple narré, neatmoins l'amitié qu'il me porte pourroit bien auoir trahy son iugemēt aussi bien que le vostre. Deçà ils auoient tant faict, que les lettres mesmes de Sofronie & de Theophile, leur estoient venuës entre les mains: car quāt à celle de cette grande Dame, à laquelle i'auois premieremēt enuoyé cette Histoire, elle estoit à la reste de leur copie. Furets admirables, qui trouuent dans les plus obscures tenebres, ce qui regarde leur profit. Or ie vous prie, si vous pouuez absolument empescher cette impression de le faire, car à peine sçais-ie quel est cet escrit, ou pour le moins que l'on attende que ie l'aye reueu. C'eſt grād' pitié de marier vne perſonne, & outre ſon gré, & ſans qu'elle y penſe. Que ſi vous ne pouuez reprimer le cours de ce torrent qui roule auec impetuoſité, defendez que mon nom ſoit en teſte. Que ſi vous ne pouuez vous oppoſer encor à cela, (car ſi lors que i'eſtois à Paris, l'on a publié & crié des liurets ſoubs mon nom, & ſur mon viſage, c'eſt à dire en ma preſence, auſquels ie ne penſay iamais; que ne fera-t'on en mon abſence) faictes voir le tout à des Docteurs en Theologie pour auoir leur Approbation. Quāt à la matiere, elle eſt, à mon aduis, toute ſaincte & deuotieuſe, & partant de leur cognoissance; quant à la forme, ie la vous resigne pour l'addoucir, la polir, la corriger, tant les fautes des copistes que les miennes, car vous estes maistre passé en ces polisseures de langage, ausquelles i'estimerois abuser du temps que de m'amuser. Ainsi les vns & les autres serez mes garands & mes cautions en la matiere, & en la forme, c'est à dire en tout: ayant faict le fonds du tableau, ie vous laisse les ordres & les agencemēts à reuoir, afin que vous entriez en part du mespris, ou de l'estime de cet ouurage. C'est vne masse d'ours, lechez-la, & luy faictes des yeux, des pieds, & vne langue. Que si ce liuret est receu, ne me sera-ce pas autant d'estonnement qu'à Iacob, quãd on luy vint dire, que ce fils Ioseph, qu'il tenoit pour perdu, regnoit dedans l'Egypte? Certes cet auorton peut bien dire comme Themistocle, qu'il estoit perdu, s'il ne se fust perdu. Il ressemble à la perdrix, qui pressee de l'oyseau se rend à la mercy de l'homme ; puis que pour euiter les griffes de l'oubly, il se laisse tirer sur le theatre du monde : pareil à ce fleuue d'Espagne, qui roulant quelque espace depuis sa source, s'enseuelit dans la terre d'où il ressourt & ressort pour couler d'vn plus long cours ses douces eaux dans l'Occean ; car s'estant comme vn esclair communiqué à peu de gens en sa naissance, puis s'estât tapy dans le silence, le voila qui va reuoir le iour par la publication, & peut estre se noyer dans la mer du monde. Ie ne sçay pas ce que dira ce Pharaon cruel, qui par ses meslisances ordinaires a de coustume d'estouffer le part des esprits qui luy font part de leurs escrits; mais il me fascheroit bien que cette Histoire tres sainēte & tres-veritable, & dont vous entre mille autres estes tesmoing oculaire, fust prise pour quelque Roman. Je ne sçay pas si le desguisement des noms seroit point monter cét aurtin à la teste de ceux qui ne semblent rien lire que pour reprendre, ny rien dire que pour se mocquer. Il seroit aysé de les guerir de cette migraine en nommant nettement les lieux & les personnes sans perifrase, sans circonlocution: mais parce que quelques-vnes sont encores en vie, & qu'il est escrit qu'il ne faut loüer, au moins ouuertement, qu'apres la mort, il me semble, que comme taire leurs belles actions, ce seroit vne iniustice contre la verité, que les nommer couuertement n'offence point leur modestie, & leur humilité, & a plus de gentillesse & d'accortise. Ie ne suis pas si ignorant, que ie ne sçache que les doctes Fables sont improuuees par sainct Paul, & que celle du bon Euesque de Trica, quoy que belle & dorée, fut iustement reiettee de l'Eglise. Aussi y a-t'il autant de difference auec cette vie & cette mort tres-sainéte, que ie descris, & cette feinte Cariclee, comme la verité est esloignee du mensonge: i'ayme mieux dire vray rudement, que faux poliment. La verité vaut mieux toute nuë, sans fard, & sans art, que la vanité auec toutes les couleurs empruntees de la science du biendire. Desia les iugemens de tous ceux qui ont veu cette Memoire escrite à la main, tant de Sofronie, du grand Theophile, de l'Illustre Archandre, que de beaucoup d'autres, a donné vn bransle si puissant au mien, que si i'estois capable de receuoir ces foibles impressions de propre estime, de ce peu qui eschappe à ma plume, i'en eusse conceu de cette piece, tant ils m'ont tesmoigné l'auoir euë agreable. Si quelqu'autre est plus desgousté, qu'il la laisse. Mais tant y a, que ie voy bien à la vostre, qu'il me faut rendre à ce lieu, que les Veneurs appellent, le laisser courre, puis que vous n'estimez pas que cette publication se puisse, ny (comme adiouste vostre iugement preoccupé) se doiue empescher. Ie feray donc comme ce Capitaine Spartain, lequel ne pouuant r'amener au combat ses Soldats, que l'espouuante mettoit en desroute, se rangea à leur teste, afin d'effacer leur honte par sa presence: Parce, disoit-il, que ma valeur estant assez recogneuë, on iugera plustost qu'ils font vne retraicte honorable, en suiuant leur Capitaine, qu'vne fuitte deshonorable deuant les forces de l'ennemy. Ainsi mettant, ou au moins permettant l'inscription de mon nom, à la teste de cet essay, peut-estre que la grace dont le public m'a fauorisé iusques à present, luy donnera vn tel succez, que cette MEMOIRE prenant le iour, vengera des tenebres de l'oubly les memorables vertus qu'elle represente.

Approbation des Docteurs.

Nous soubs-signez Docteurs en la Faculté de Theologie de Paris, certifions auoir veu vn liure intitulé, La Memoire de Darie, Où se voit l'idee d'vne Deuotieuse vie, & d'vne Religieuse mort. Par Monseigneur l'Euesque de Belley. Auquel n'auons trouué aucune chose qui ne soit conforme à la foy de l'Eglise Catholique Apostolique & Romaine, & aux bonnes mœurs. Faict à Paris ce 18. Nouembre 1619.

F. P. LE FRANC
Professeur en Theologie

F. M. DOLES *Docteur*
& Lecteur en Theologie.

Extraict du Priuilege du Roy.

PAr grace & Priuilege du Roy, il est permis à Claude Chappelet, Libraire Iuré en l'Vniuersité de Paris, d'imprimer ou faire imprimer, & mettre en vente vn liure intitulé, *La Memoire de Darie, Où se voit l'idee d'vne Deuotieuse vie, & d'vne Religieuse mort. Par Monseigneur l'Euesque de Belley.* Faisant defences à tous Libraires & Imprimeurs, ou autres, de quelque qualité ou condition qu'ils soient, d'imprimer ou faire imprimer ladite Memoire de Darie, la vendre, faire vendre, debiter ny distribuer par nostre Royaume durant le temps de neuf ans, sur peine aux côtreuenans de confiscation des exemplaires, & de cinq cens liures d'amende, moitié à nous, l'autre moitié audit exposant, & de tous despens, dommages & interests, comme il est contenu es lettres donnees à Paris le 12. de Nouembre 1619.

Par le Roy en son Conseil.

BERGERON.

www.ingramcontent.com/pod-product-compliance
Lightning Source LLC
Chambersburg PA
CBHW050601230426
43670CB00009B/1208